ACCESO GRATIS *a la Lectura en la Nube*

AF237848

Para visualizar el libro electrónico en la nube de lectura envíe junto a su nombre y apellidos una fotografía del código de barras situado en la contraportada del libro y otra del ticket de compra a la dirección:

ebooktirant@tirant.com

En un máximo de 72 horas laborales le enviaremos el código de acceso con sus instrucciones.

© TIRANT LO BLANCH
   EDITA: TIRANT LO BLANCH
   C/ Artes Gráficas, 14 - 46010 - VALENCIA
   TELFS.: 96/361 00 48 - 50
   Fax: 96/369 41 51
   Email: tlb@tirant.com
   www.tirant.com
   Librería Virtual: www.tirant.es
   DEPOSITO LEGAL: V-478-2024
   ISBN: 978-84-1056-624-8
   MAQUETA E IMPRIME: Tink Factoría de Color , s.l.

Si tiene alguna queja o sugerencia, envíenos un mail a: atencioncliente@tirant.com.
En caso de no ser atendida su sugerencia, por favor, lea nuestro procedimiento de quejas en:
www.tirant.net/index.php/empresa/politicas-de-empresa

Responsabilidad Social Corporativa
http://www.tirant.net/Docs/RSCTirant.pdf

PRÀCTIQUES DE PSICOLOGIA FISIOLÒGICA I

Santiago Monleón Verdú (Coord.)

Concepción Vinader Caerols

Rosa Redolat Iborra

Patricia Mesa-Gresa

Inés Moragrega Vergara

ESTUDIANT: ....

PROFESSOR/A:..

GRUP:............. CURS ACADÈMIC:.....................

PRESENTACIÓ

Aquest llibre té com a objectiu servir de manual per a la realització de les pràctiques de Psicologia Fisiològica I, assignatura del primer curs dels estudis de Grau en Psicologia (Universitat de València). També pot ser útil el primer any en què s'estudie Neurociència en altres graus, com ara Biologia o Medicina.

Seguint la guia docent de l'assignatura, les activitats pràctiques d'aquest manual estan organitzades en tres unitats temàtiques. La primera unitat temàtica inclou les pràctiques relacionades amb les bases biològiques de la percepció i la motricitat. Les pràctiques de la segona unitat se centren en les bases biològiques dels ritmes biològics i del son. Per acabar, la tercera unitat recull les pràctiques sobre les bases biològiques de la motivació.

Les activitats pràctiques programades inclouen un material de treball variat: làmines de neuroanatomia (principal material de treball per a les pràctiques de la Unitat I); proves de registres fisiològics, qüestionaris i altres tests; descripció de casos clínics; articles especialitzats; vídeos de divulgació científica, pàgines web d'interès...

Gran part del material de treball està inclòs directament en aquest manual. En altres casos, el material serà proporcionat als alumnes pel professor (a través de l'Aula Virtual i el Servei de reprografia).

Les classes pràctiques són una part integral de l'educació de l'alumne dins el marc de l'Espai Europeu d'Educació Superior. Seguint les directrius de Bolonya en aquest marc, les activitats pràctiques que ací es proposen han estat dissenyades per facilitar l'aprenentatge autònom de l'alumne, per promoure així una participació i responsabilitat més gran en l'adquisició de coneixements, competències i destreses.

Aquest manual és fruit col·lectiu de l'àmplia experiència docent dels autors, que durant anys han afrontat la tasca d'introduir als alumnes de primer curs a la fascinant matèria de la Psicologia Fisiològica. L'elaboració d'aquest llibre respon al desig de facilitar aquesta tasca a estudiants i professors. Esperem que aquest manual contribuïsca a aquest fi.

ELS AUTORS

ÍNDEX

UNITAT I:

BASES BIOLÒGIQUES DE LA PERCEPCIÓ I DE LA MOTRICITAT

1. Visió

Activitat 1.1: Anatomia de l'ull

L'ull o el globus ocular és l'òrgan sensorial de la visió. Té forma esfèrica amb un diàmetre d'uns 3 centímetres que pareix una bola de gelatina i es localitza dins la conca ocular del crani, a banda i banda del nas. En aquesta activitat es repassarà l'anatomia de l'ull. Per a això, l'alumne ha de localitzar els principals components del globus ocular a la figura 1.1 (assenyalats amb fletxes).

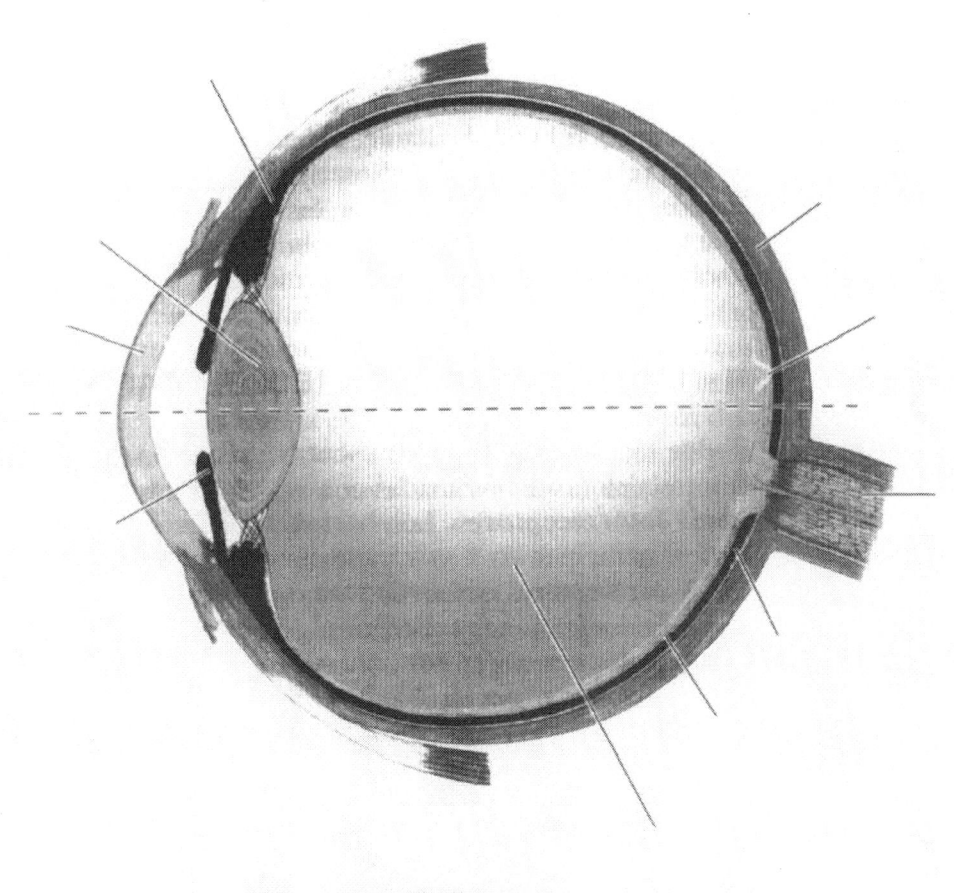

Figura 1.1. *Anatomia de l'ull.*

Activitat 1.2: Subcapes de la retina

La retina és la capa més interna del globus ocular. S'hi localitzen els receptors per a la visió (fotoreceptors: cons i bastons). En aquesta activitat es repassaran els principals components de la retina: subcapes (capa de fotoreceptors, capa de cèl·lules bipolars i capa de cèl·lules ganglionars) i cèl·lules (con, bastó, cèl·lula horitzontal i cèl·lula amacrina). Per a això, l'alumne ha de localitzar aquests components a la figura 1.2.

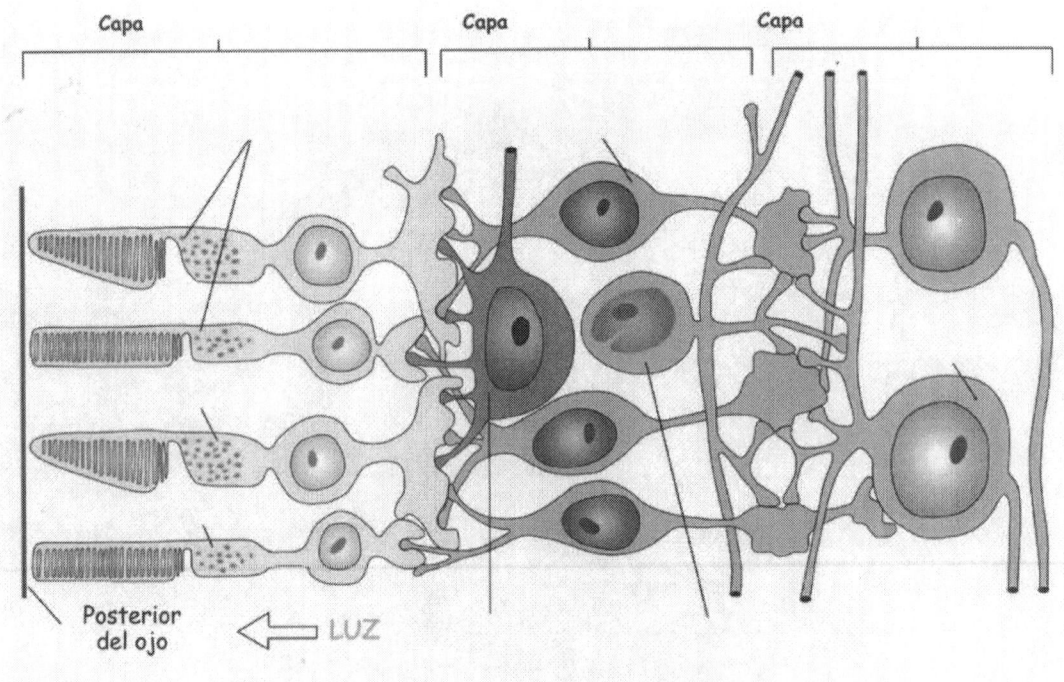

Figura 1.2. *Subcapes de la retina.*

Activitat 1.3: Vies visuals

Les vies visuals s'originen als fotoreceptors de la retina; aquests envien la informació a través del II parell cranial (nervi òptic) fins a l'escorça visual primària (escorça estriada del lòbul occipital) realitzant diversos relleus entre els diferents trams de les vies esmentades. En aquesta activitat es repassaran els principals components de les vies visuals (trams i punts de relleu). Per a això, l'alumne ha de localitzar aquests components a la figura 1.3.

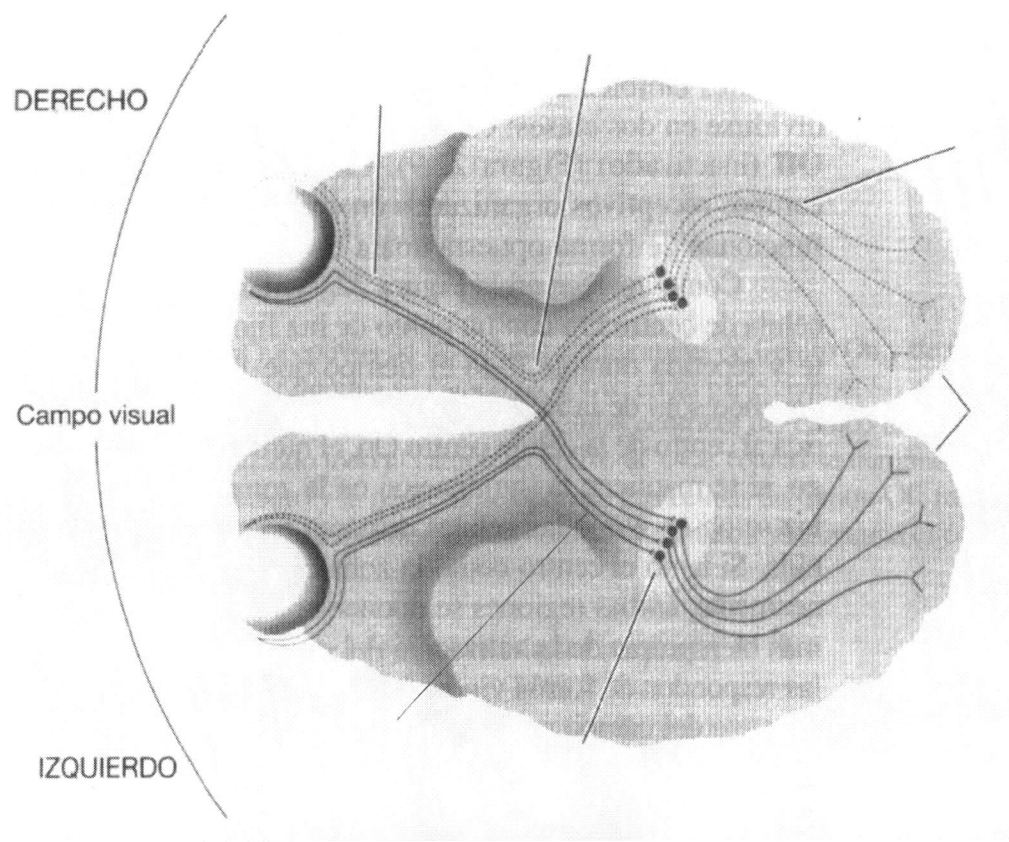

Figura 1.3. *Vies visuals.*

Activitat 1.4: Àrees corticals de la visió

A la figura 1.4 l'alumne ha d'indicar les àrees corticals de la visió.

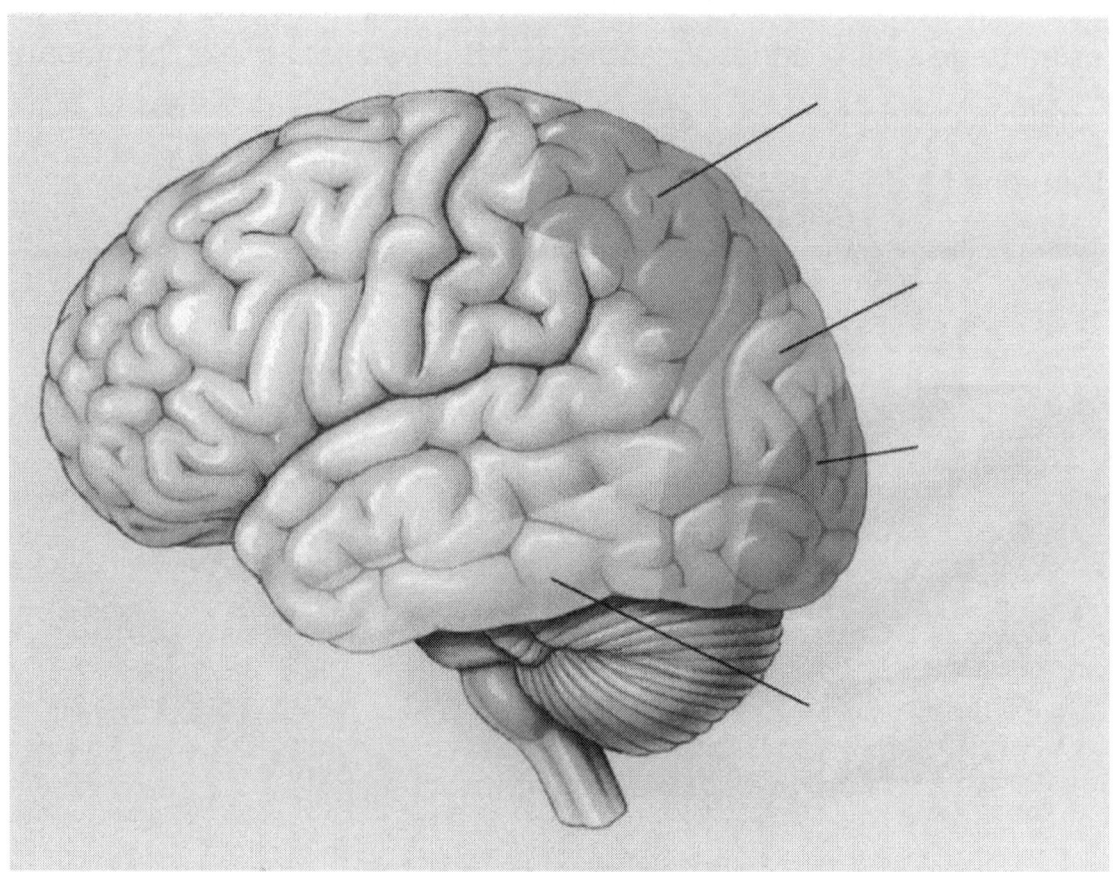

Figura 1.4. *Àrees corticals de la visió.*

Activitat 1.5: Punt cec

Per comprovar l'existència de l'anomenat punt cec, es proposa que l'alumne realitze la següent activitat: tapeu-vos o mantingueu tancat l'ull esquerre mentre mireu de front la creu amb l'ull dret des d'una distància d'uns 30 cm, aneu apropant a poc a poc llibre cap als ulls sense deixar de mirar la creu, arribarà un moment en què el cercle no es veu. Expliqueu per què es produeix aquest fenomen.

        +   ●

....

....

....

....

....

....

....

Activitat 1.6: Visió del color

1) Descriviu breument els tests explicats a classe que poden ser utilitzats per valorar la correcta visió del color en xiquets i adults.

- Denominació del test:

....

- Breu descripció de la utilitat:

....

....

....

- Denominació del test:

....

- Breu descripció de la utilitat:

....

....

....

2) Definiu cadascun dels tipus d'alteracions següents en la visió del color:

a) Protanòpia/protanomalia

....

....

b) Deuteranòpia/Deuteroanomalia

....

....

c) Tritanòpia/Tritanomalia

....

....

- *Enllaços d'interès:*

  - Color Vision Test.
  https://links.uv.es/kinxR4H

  - Ceguesa   per   al
  color.
  https://links.uv.es/hourI
  5F
  https://links.uv.es/g3q0Y
  I3
  https://links.uv.es/vsD24
  Tw

  - Nous tests per al daltonisme.
  https://links.uv.es/P69jpNw

Activitat 1.7: Dissecció d'un ull de vaca

Activitat plantejada com a pràctica complementària.

- *Objectiu*: aprendre de manera pràctica a reconèixer l'anatomia de l'ull i el funcionament.

- *Mode de lliurament*: Pujar l'activitat a la tasca creada a aquest efecte a l'Aula Virtual en el termini indicat. S'ha de lliurar el treball en format PowerPoint incloent nom de l'alumne i grup juntament amb les fotografies realitzades a cadascun dels passos que es mostraran a continuació. Sobre aquestes fotografies cal indicar els noms i els processos que s'identifiquen a l'ull (una diapositiva per imatge) així com les funcions bàsiques de cadascuna de les parts identificades.

- *Tipus d'activitat*: Individual.

- *Material*:

- 1 ull de vaca. Es pot comprar a la carnisseria. Procureu que porte els nervis i greix. És més fàcil tallar l'ull si és fresc o acabat de comprar.
- 1 bisturí, fulla d'afaitar o escalpel.
- Tisores.
- Pinces.
- Paper absorbent.
- Guants de làtex.
- Bossa de plàstic.
- Superfície adequada per a la realització dels talls.
- Sabó.
- Aigua.

• *Passos a realitzar*:

Abans de començar, renteu-vos les mans amb aigua i sabó i assegureu-vos que el lloc de treball està net i que té tot el necessari per a dur a terme l'activitat.

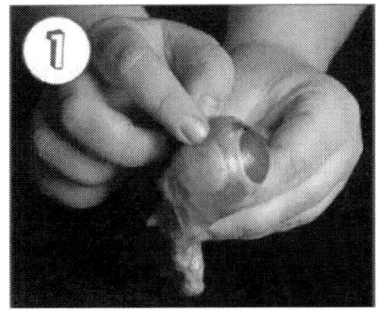

1) Examineu la part exterior de l'ull, fotografieu-la i indiqueu quantes àrees podeu identificar. Heu de ser capaços d'indicar l'escleròtica, la còrnia, l'iris i la pupil·la.

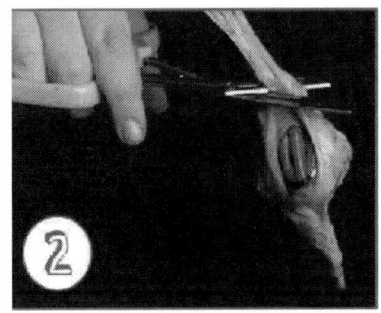

2) Talleu el greix i el múscul que envolta l'ull.

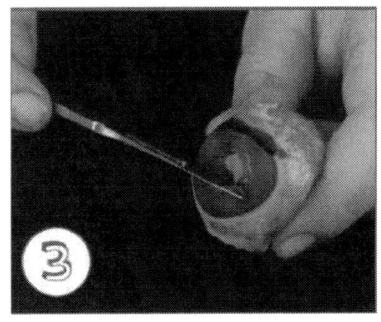

3) Utilitzeu el bisturí o fulla per fer una incisió a la còrnia. Talleu fins que el líquid de la còrnia ixca. Aquest és l'humor aquós.

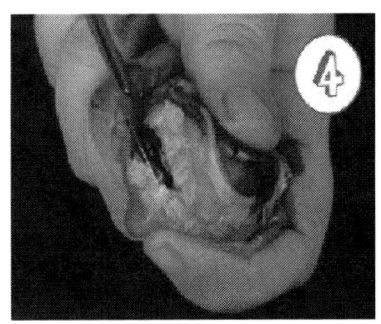

4) Feu una incisió a través de l'escleròtica al mig de l'ull.

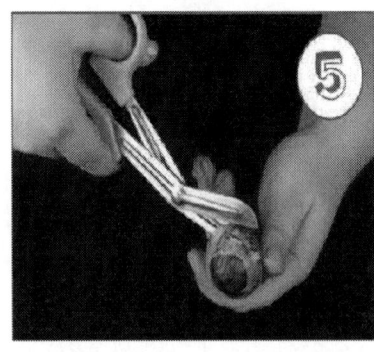

5) Utilitzeu les tisores per tallar l'ull per la meitat. De les dues meitats, heu d'identificar la còrnia en una. Un cop heu tret la còrnia, talleu-la sobre una superfície (en tallar la capa de teixit transparent cruixirà, això és degut a que la vaca té moltes capes de teixit gruixut per protegir els ulls).

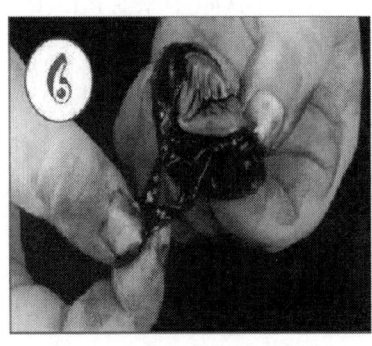

6) El pas següent és treure l'iris, que està entre la còrnia i el cristal·lí. Pot estar enganxat a la còrnia o pot estar amb la part posterior de l'ull. Trobeu l'iris i estireu-lo, ha d'eixir d'una peça. El forat que hi ha al centre de l'iris és la pupil·la.

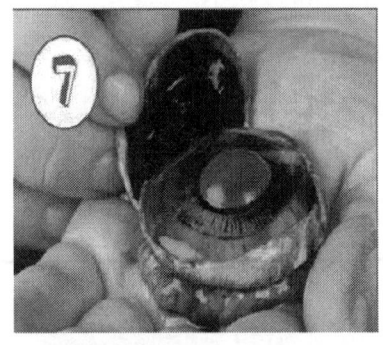

7) A la part posterior de l'ull hi ha l'humor vitri, un gel clar que conté proteïnes i aigua.

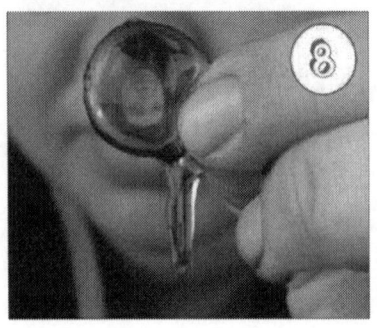

8) El cristal·lí de la vaca té una textura suau a l'exterior i rígida al centre. Subjecteu-lo i mireu a través d'ell, què veieu?

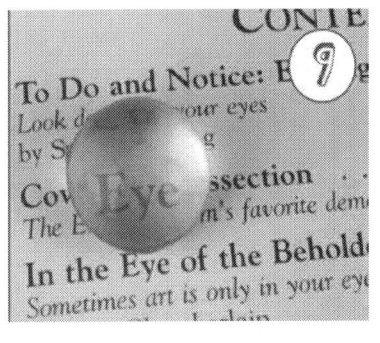

9) Col·loqueu el cristal·lí sobre una superfície amb paraules o lletres, què veieu?

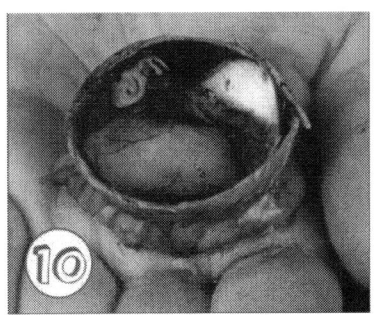

10) Buideu l'humor vitri si es troba encara al globus ocular. A l'interior de la part posterior del globus ocular, es poden vore alguns vasos sanguinis que formen part de la retina.

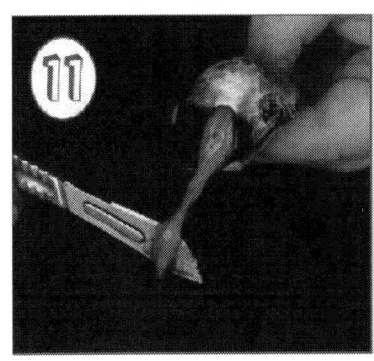

11) Empenyeu la retina amb el dit. La retina està unida a la part posterior de l'ull en un sol lloc. Aquest és el lloc on els nervis de totes les cèl·lules de la retina s'uneixen formant el nervi òptic. El punt on s'uneix la retina a la part posterior de l'ull s'anomena punt cec.

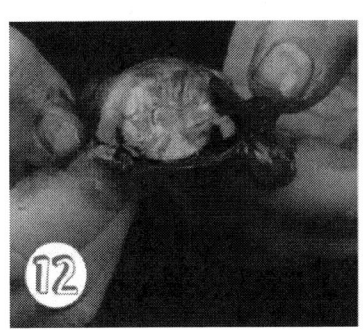

12) Baix de la retina, la part posterior de l'ull està coberta amb una capa blavosa anomenada tapetum, que reflecteix la llum des de la part posterior de l'ull. Aquesta capa la tenen alguns animals, encara que l'ull humà no en té. Els gats, com les vaques, tenen tapetum que reflecteix la llum i fa que els ulls brillen quan els il·luminen els fars d'un cotxe.

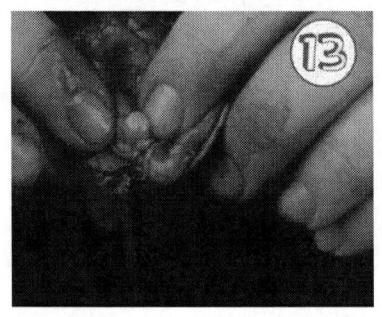

13) Mireu l'altre costat de la part posterior de l'ull. Per vore les diferents fibres que componen el nervi òptic, podeu pessigar el nervi amb tisores o pinces. Si premeu el nervi òptic, pot aparèixer un bony blanc, que és la mielina que envolta cada fibra del nervi.

• *Informació complementària:*

https://links.uv.es/gZb6hIs

https://links.uv.es/7VKMBbh

2. Audició

Activitat 2.1: Anatomia de l'oïda I

L'oïda és l'òrgan sensorial de l'audició. Està compost per tres parts principals: oïda externa, oïda mitjana i oïda interna. En aquesta activitat es repassarà l'anatomia de l'oïda en diverses figures. En primer lloc, l'alumne ha de localitzar a la figura 2.1 els principals components de l'oïda (assenyalats amb fletxes).

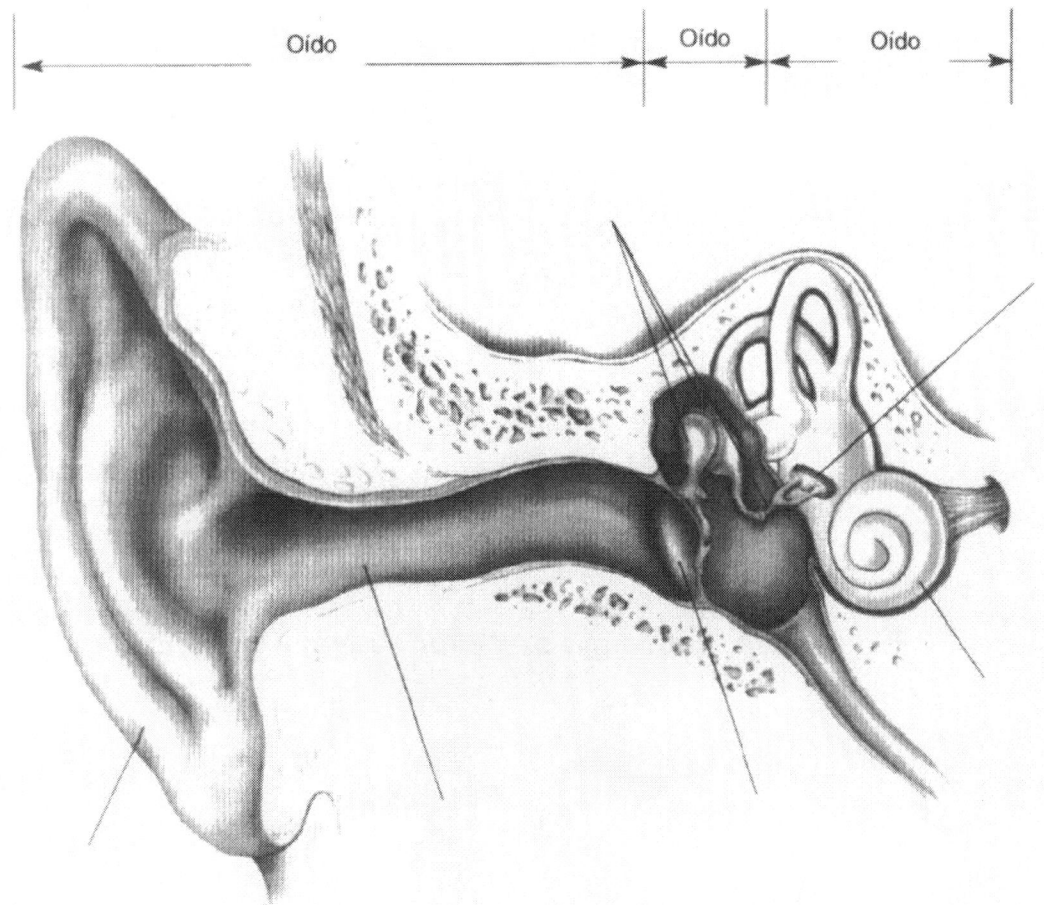

Figura 2.1. *Anatomia de l'oïda I.*

Activitat 2.2: Anatomia de l'oïda II

A la figura 2.2 l'alumne deu localitzar els principals components de l'oïda mitjana (assenyalats amb fletxes).

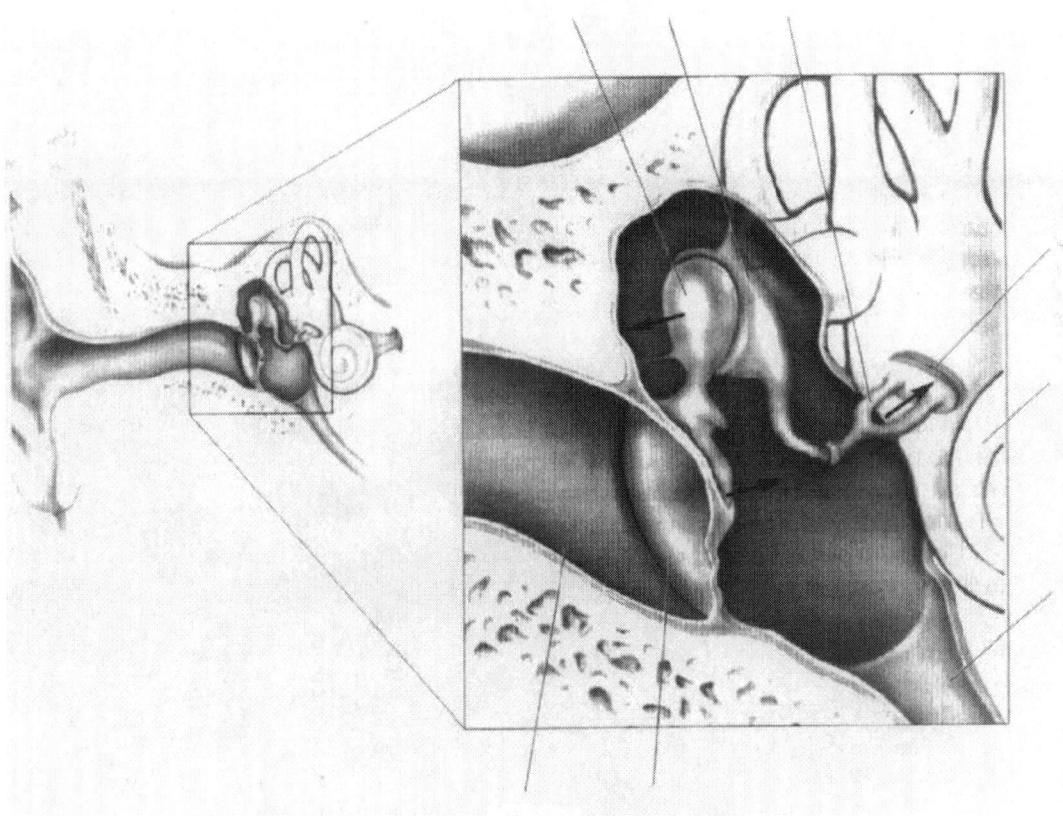

Figura 2.2. *Anatomia de l'oïda II: Oïda mitjana.*

Activitat 2.3: Anatomia de l'oïda III

A l'oïda interna es localitza la còclea o caragol, a l'interior de la qual es troben els receptors de l'audició (òrgan de Corti). La figura 2.3 mostra aquest caragol desenrotllat i un tall d'aquest. L'alumne ha de localitzar-ne els principals components (assenyalats amb fletxes).

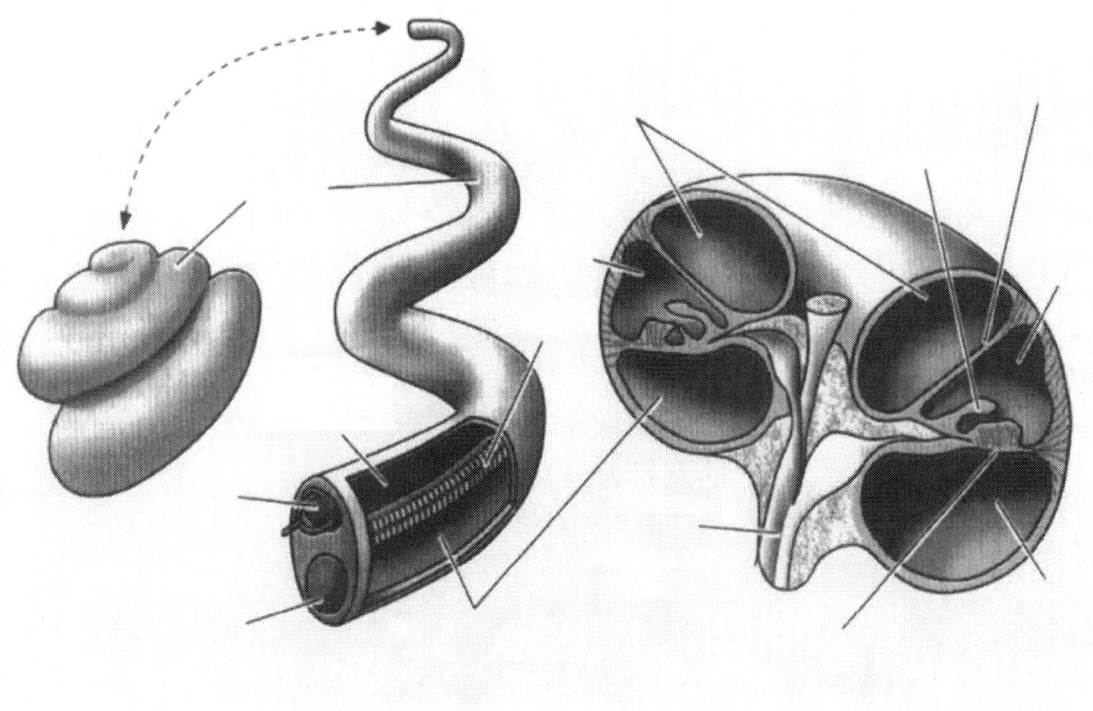

Figura 2.3. *Anatomia de l'oïda III: Oïda interna.*

Activitat 2.4: Anatomia de l'oïda IV

A la figura 2.4 l'alumne ha de localitzar els components principals d'un tall de la còclea o caragol (assenyalats amb fletxes).

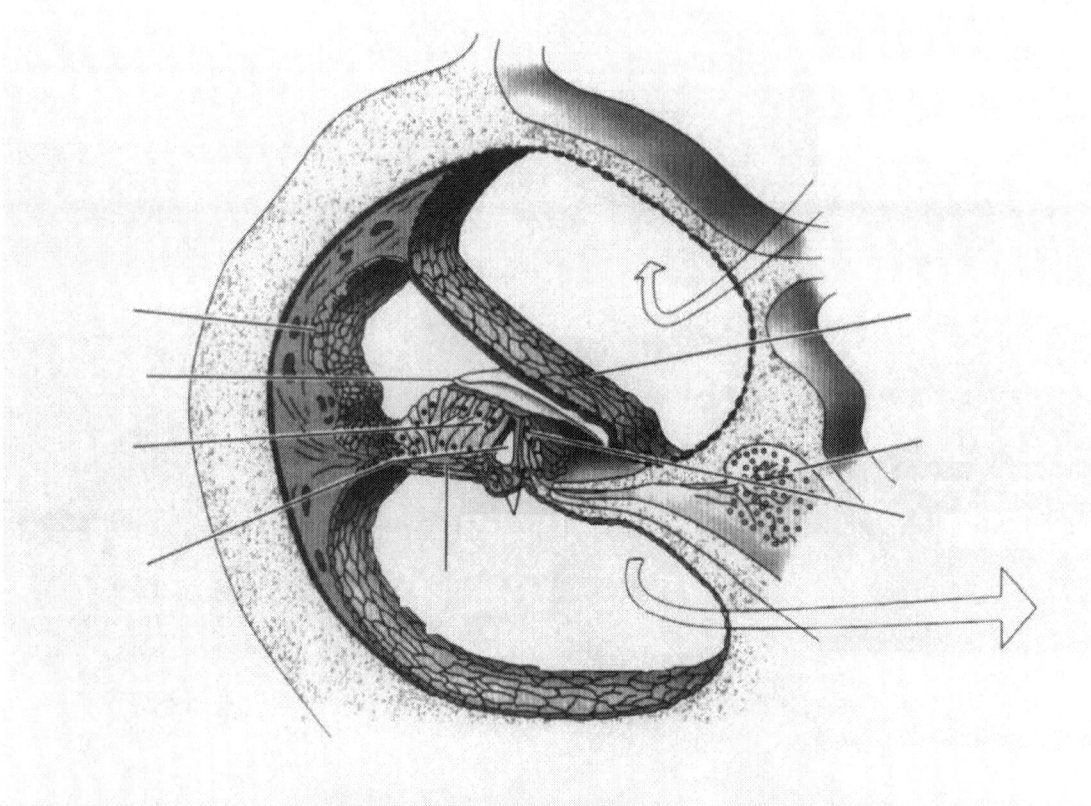

Figura 2.4. *Anatomia de l'oïda IV: Tall de còclea o caragol.*

Activitat 2.5: Vies auditives

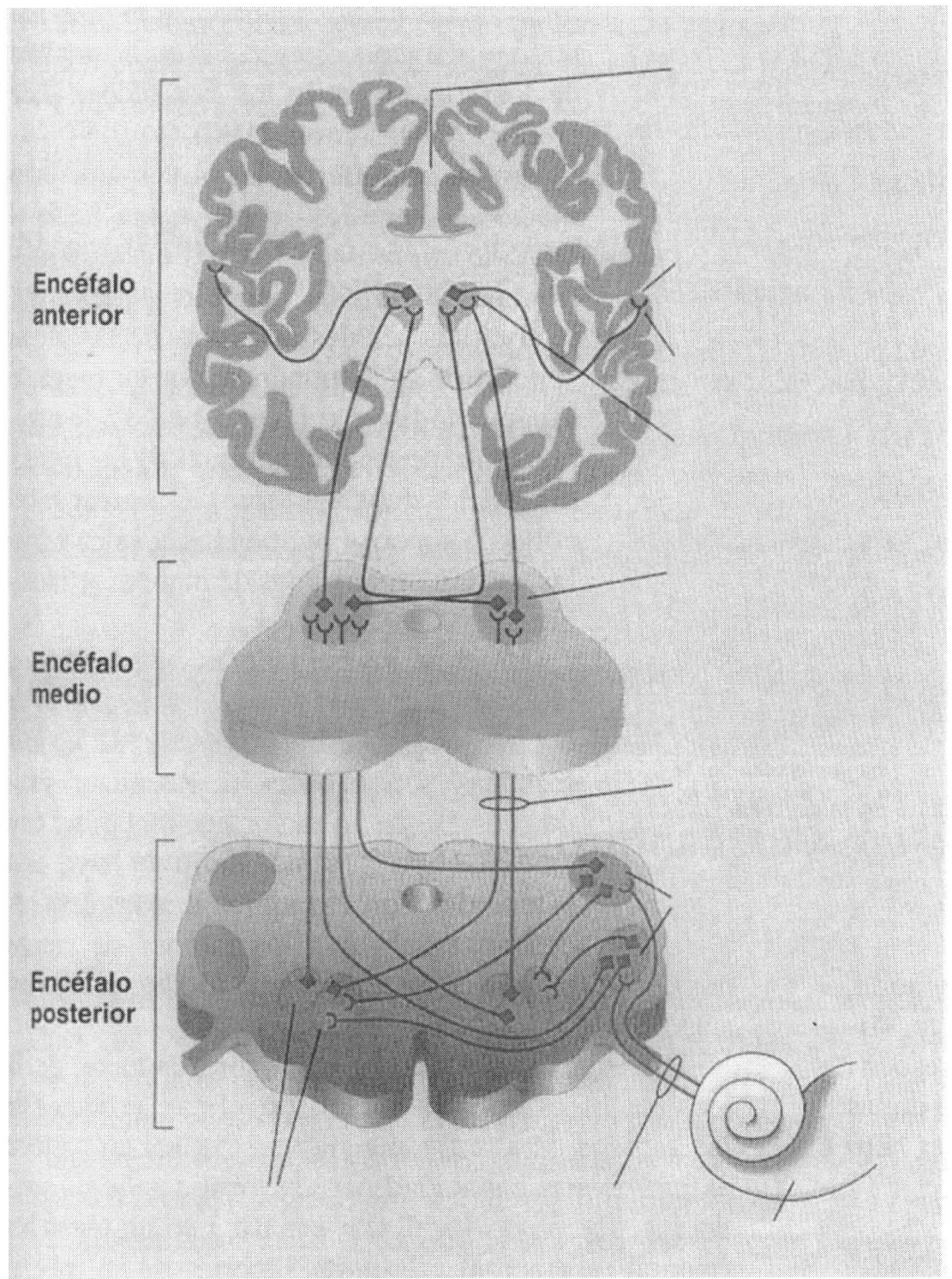

Figura 2.5. *Vies auditives.*

Les vies auditives s'originen a les cèl·lules ciliades de l'òrgan de Corti; aquestes envien la informació a través de la branca auditiva del VIII parell cranial (nervi vestíbul-coclear o estatoacústic) fins a l'escorça auditiva primària en l'anomenada circumvolució d'Heschl (lòbul temporal). En aquesta activitat es repassaran els principals components de les vies auditives. Per a això, l'alumne ha de localitzar aquests components a la figura 2.5.

Activitat 2.6: Àrees corticals de l'audició

A la figura 2.6 l'alumne ha d'indicar les àrees corticals de l'audició.

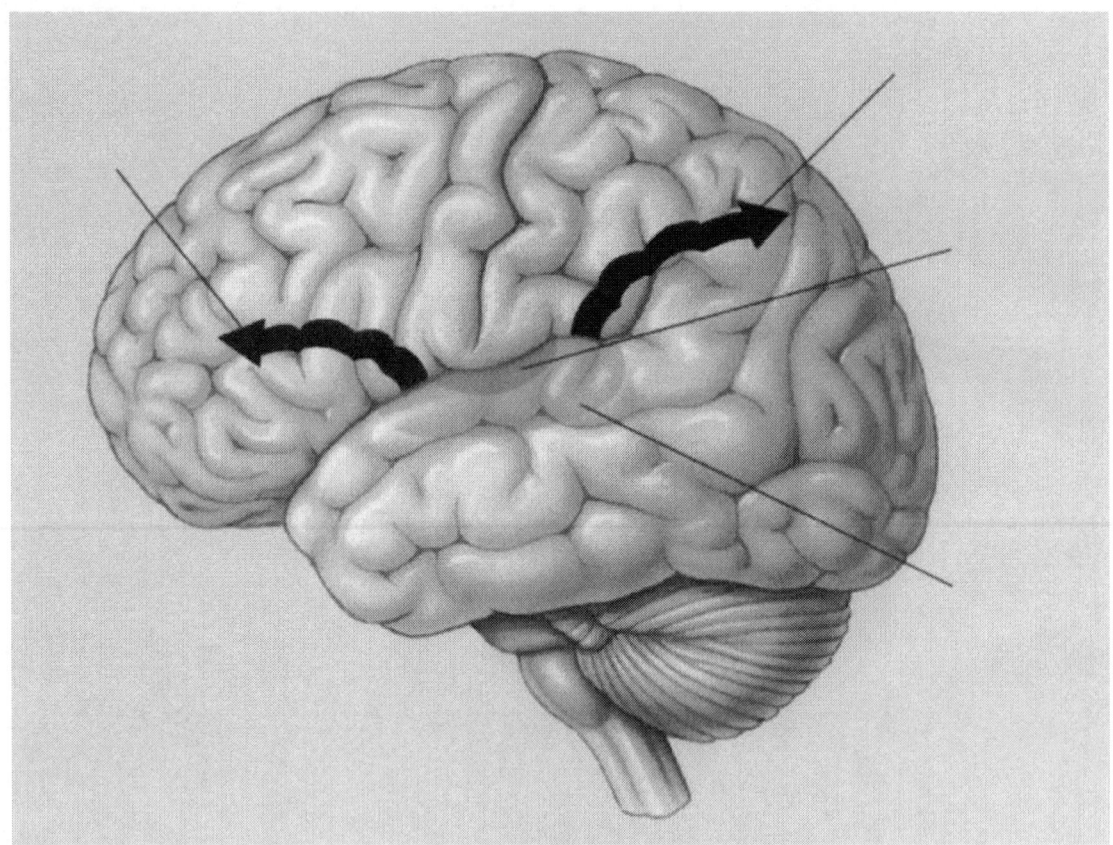

Figura 2.6. *Àrees corticals de l'audició.*

3. Olfacte i gust

Activitat 3.1: Olfacte. Epiteli olfactori

L'epiteli olfactori conté els receptors de l'olfacte, juntament amb cèl·lules de sustentació, i es localitza a la part superior de les fosses nasals, a l'anomenada pituïtària groga. En aquesta activitat es repassarà la localització i l'estructura de l'epiteli olfactori. Per a això, l'alumne ha de localitzar els principals components de la figura 3.1 (assenyalats amb fletxes).

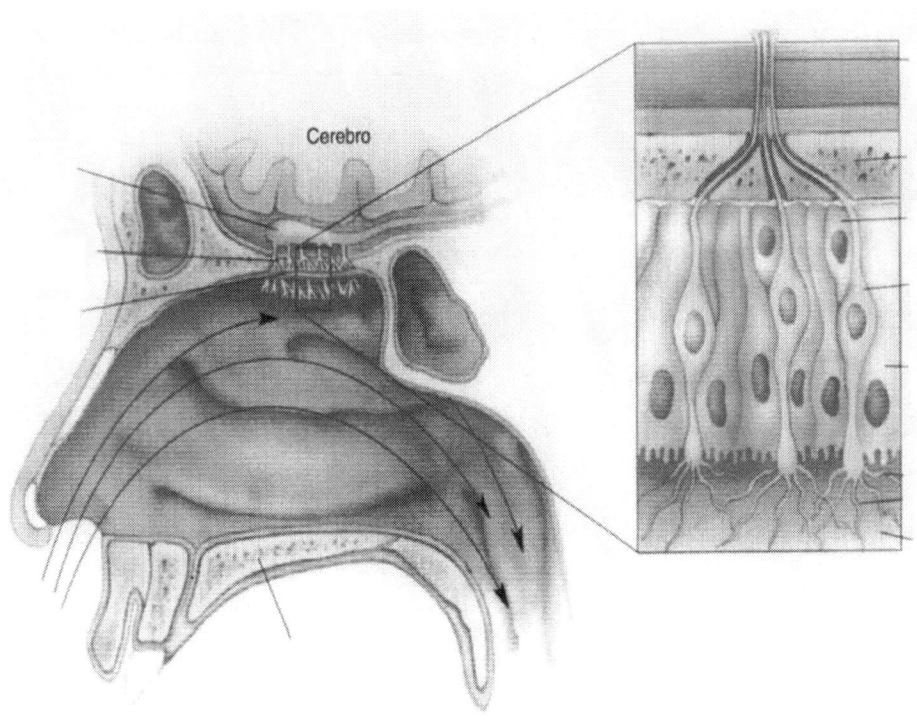

Figura 3.1. *Olfacte. Epiteli olfactori.*

Activitat 3.2: Olfacte. Vies olfactòries

Les vies olfactòries s'originen a les neurones ciliades de l'epiteli olfactori; aquestes envien la informació a través del I parell cranial (nervi olfactori) fins a l'escorça olfactiva primària (escorça piriforme). A la figura 3.2 l'alumne repassarà els principals components de les vies olfactòries.

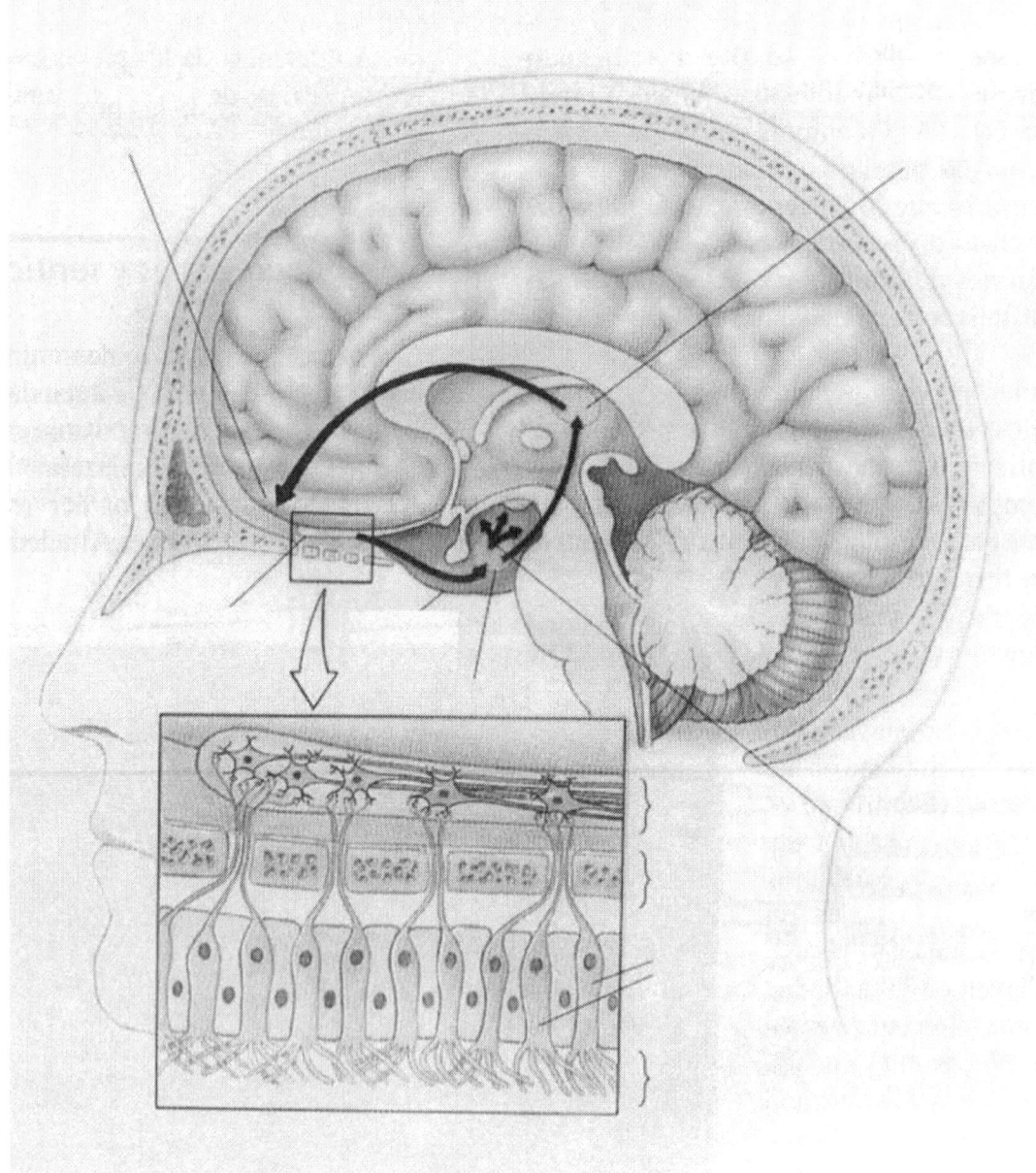

Figura 3.2. *Olfacte. Vies olfactòries.*

Activitat 3.3: Gust. Botons gustatius

Els botons gustatius contenen els receptors del gust, juntament amb cèl·lules de sustentació, i es localitzen a les papil·les linguals, el paladar, la faringe i l'epiglotis. En aquesta activitat es repassarà l'estructura dels botons gustatius esmentats indicant els principals components de la figura 3.3 (assenyalats amb fletxes).

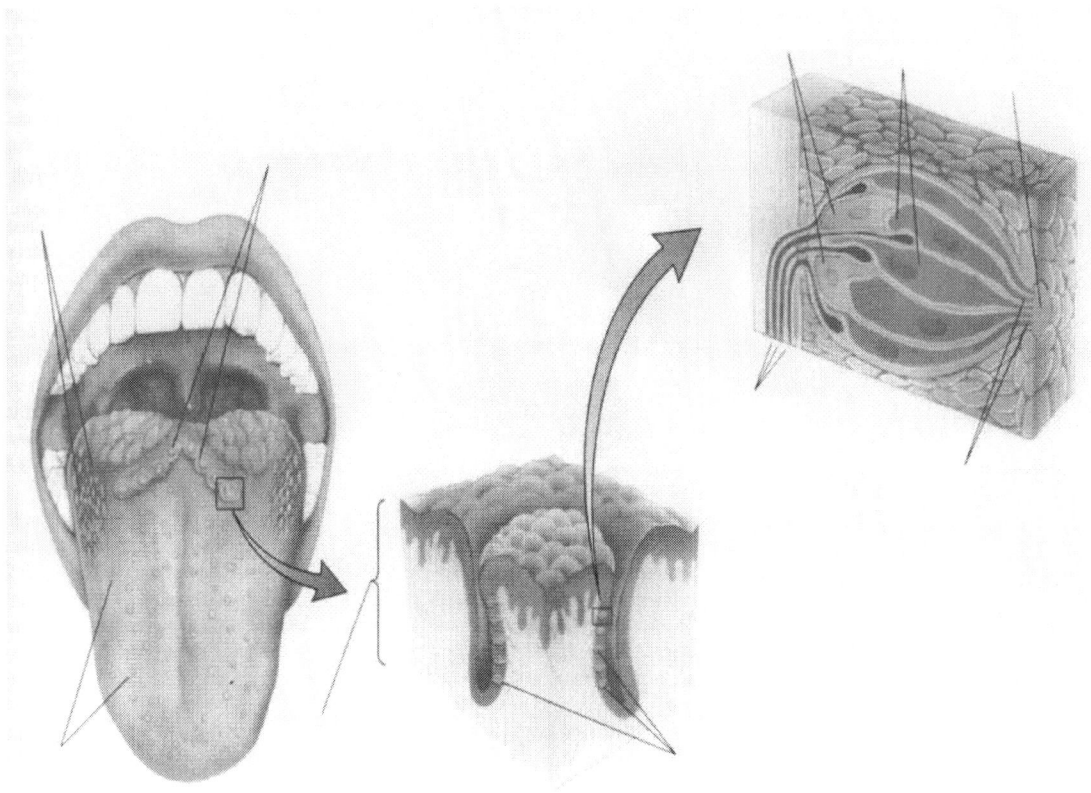

Figura 3.3. *Gust. Botons gustatius.*

Activitat 3.4: Gust. Vies gustatives

Les vies gustatives tenen un triple origen, enviant la informació per mig dels parells cranials VII (nervi facial), IX (nervi glossofaringi) i X (nervi vague) fins a l'escorça gustativa primària (base de la circumvolució post-rolàndica). A la figura 3.4 l'alumne repassarà els principals components de les vies gustatives.

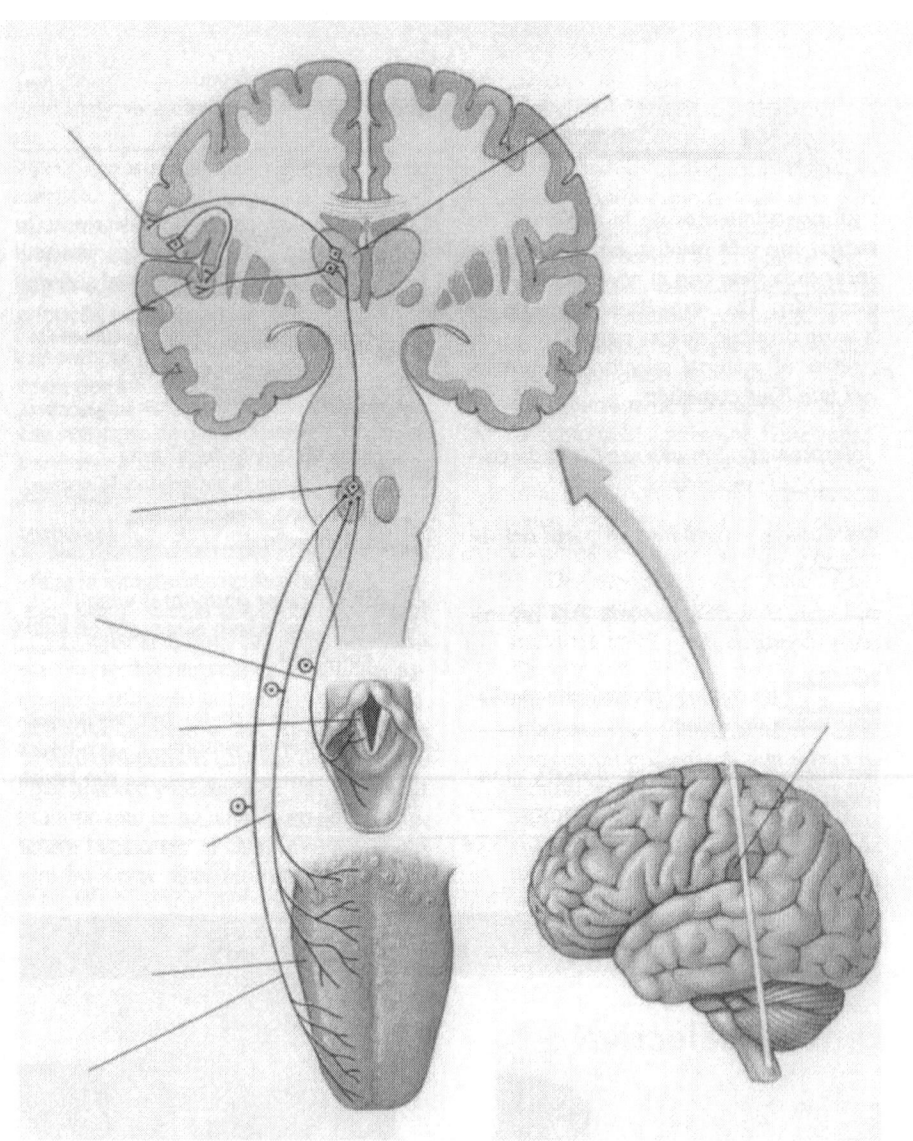

Figura 3.4. *Gust. Vies gustatives.*

4. Somestèsia

Activitat 4.1: Receptors de sensibilitat cutània

La sensibilitat cutània (juntament amb la sensibilitat cinestèsica i la sensibilitat orgànica profunda) és un component important de la somestèsia (sensibilitat somàtica general). A la pell es localitzen diversos tipus de receptors somàtics (corpuscles de Pacini, c. de Ruffini, c. de Meissner, discos de Merkel, terminacions nervioses lliures). En aquesta activitat l'alumne repassarà aquests receptors indicant-los a la figura 4.1.

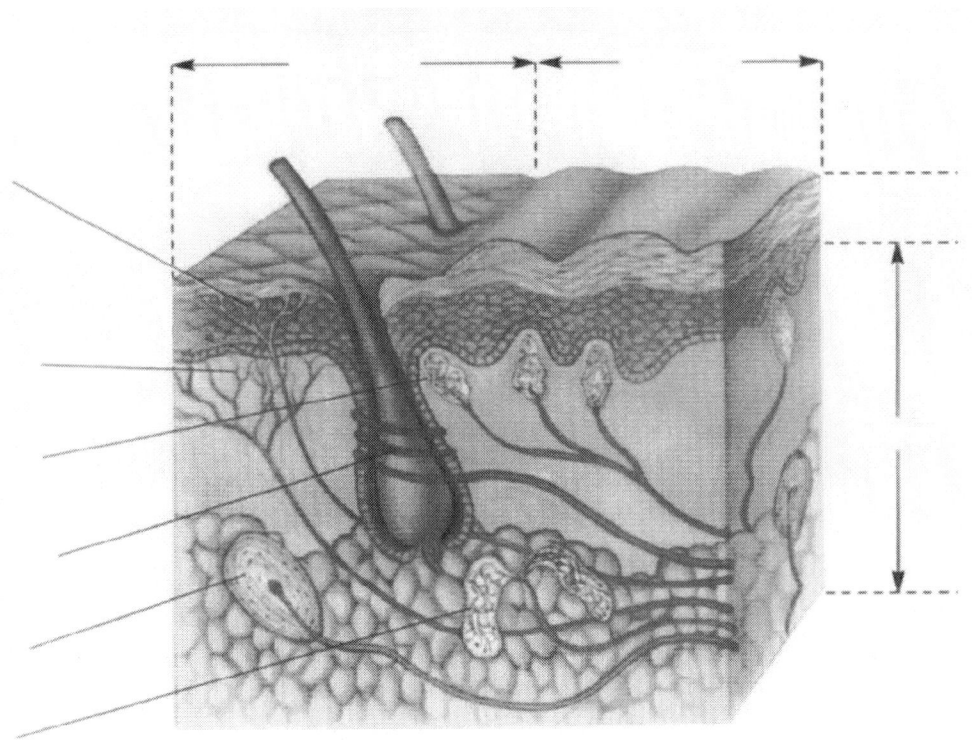

Figura 4.1. *Receptors de la sensibilitat cutània.*

Activitat 4.2: Vies somestèsiques

La informació somestèsica entra al SNC per les arrels dorsals de la medul·la espinal i alguns nervis cranials (especialment el trigemin, parell cranial V). Aquesta informació és enviada fins a l'escorça somatosensorial primària (lòbul parietal) a través de dues vies ascendents: la via lemniscal (tacte i propiocepció) i la via anterolateral o espinotalàmica (temperatura i dolor). En aquesta activitat l'alumne repassarà el recorregut d'aquestes vies pintant i indicant-ne els principals components a les figures 4.2.A (via lemniscal) i 4.2.B (via anterolateral).

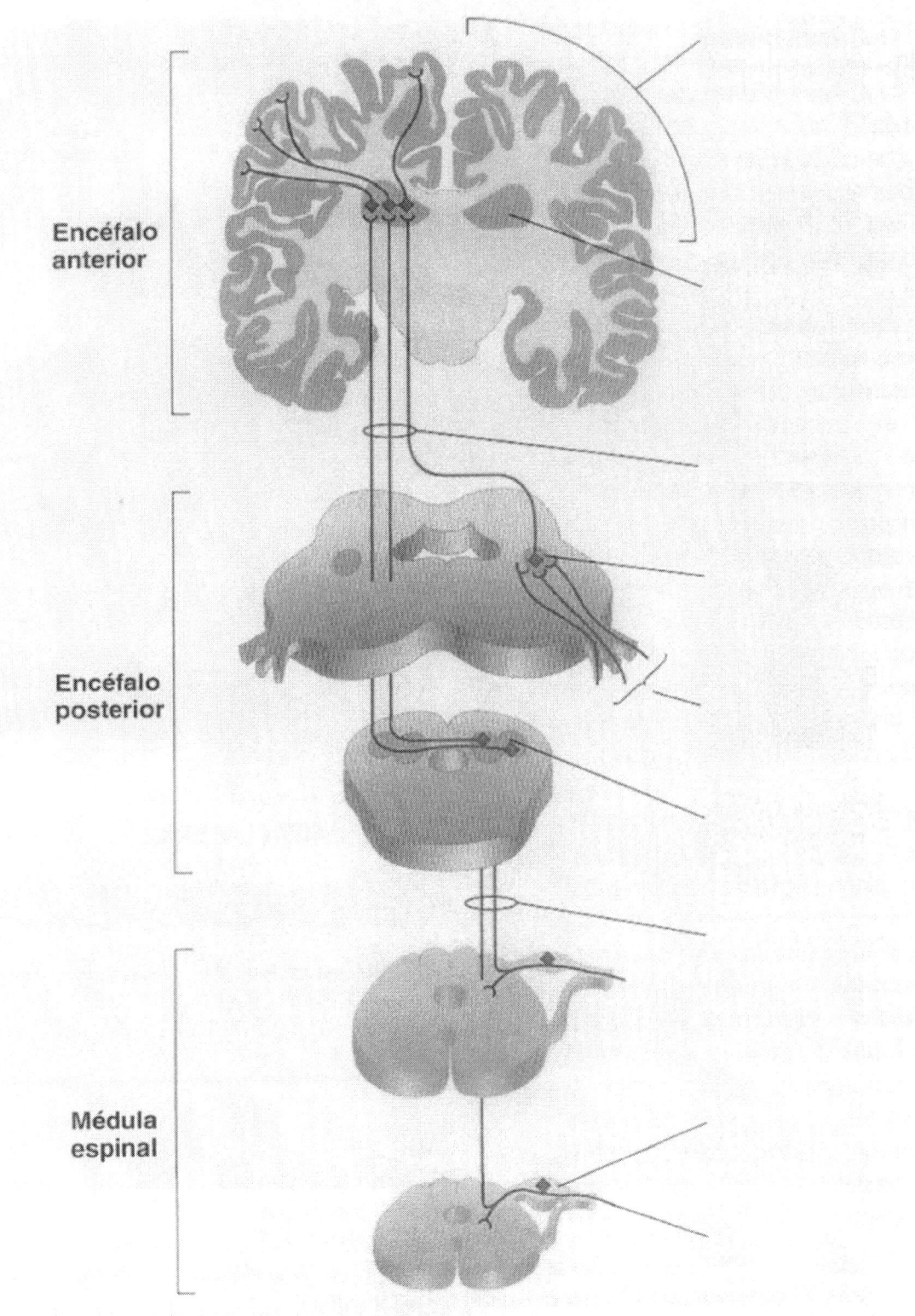

Encéfalo
anterior

Encéfalo
posterior

Médula
espinal

Figura 4.2.A. *Vies somestèsiques: via lemniscal.*

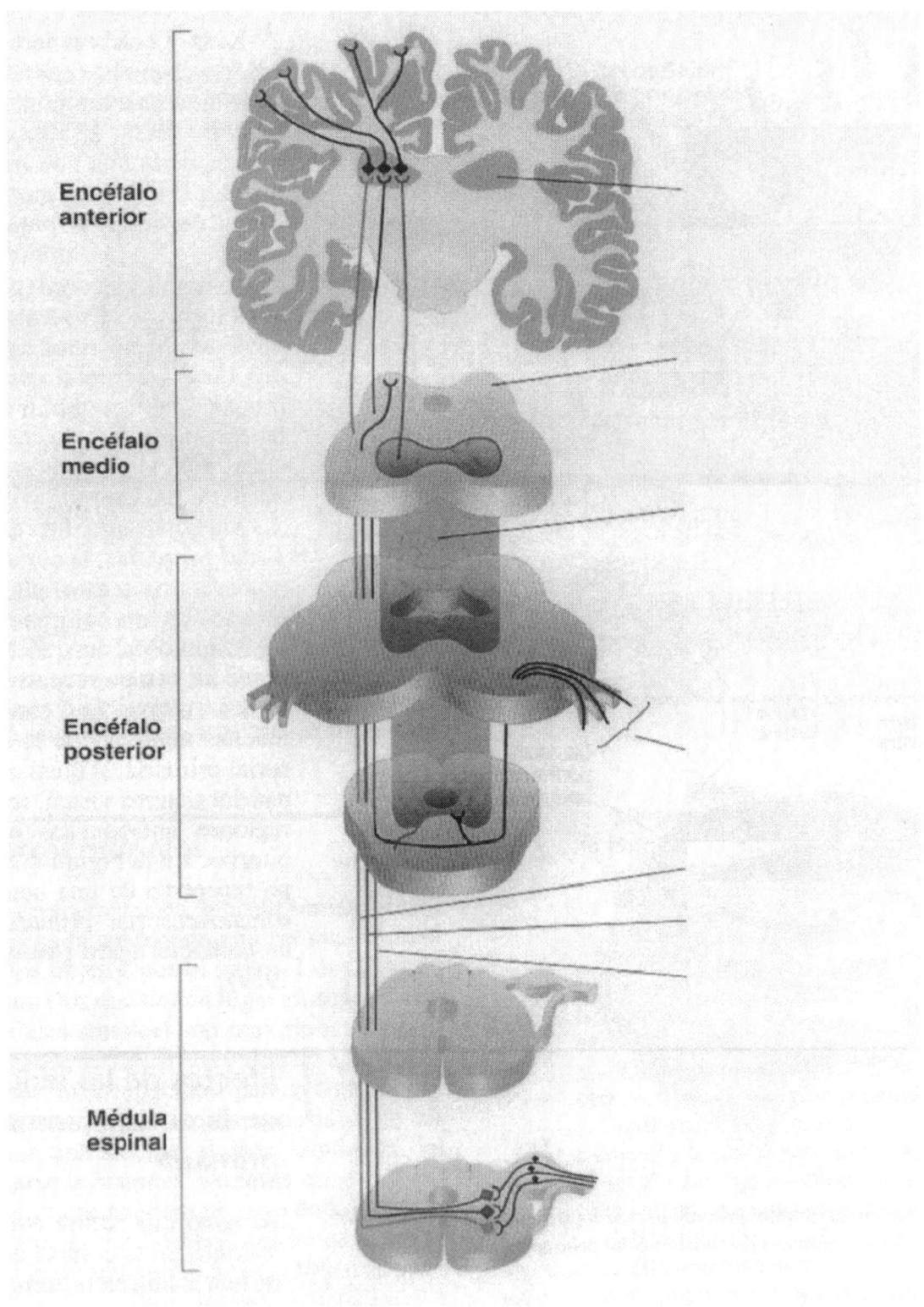

Encéfalo
anterior

Encéfalo
medio

Encéfalo
posterior

Médula
espinal

Figura 4.2.B. *Vies somestèsiques: via anterolateral.*

5. Sistema sensoriomotor

Activitat 5.1: Àrees corticals del sistema sensoriomotor

En aquesta activitat es repassaran les principals àrees corticals sensoriomotores. Per a això, l'alumne ha de localitzar aquestes àrees a la figura 5.1.

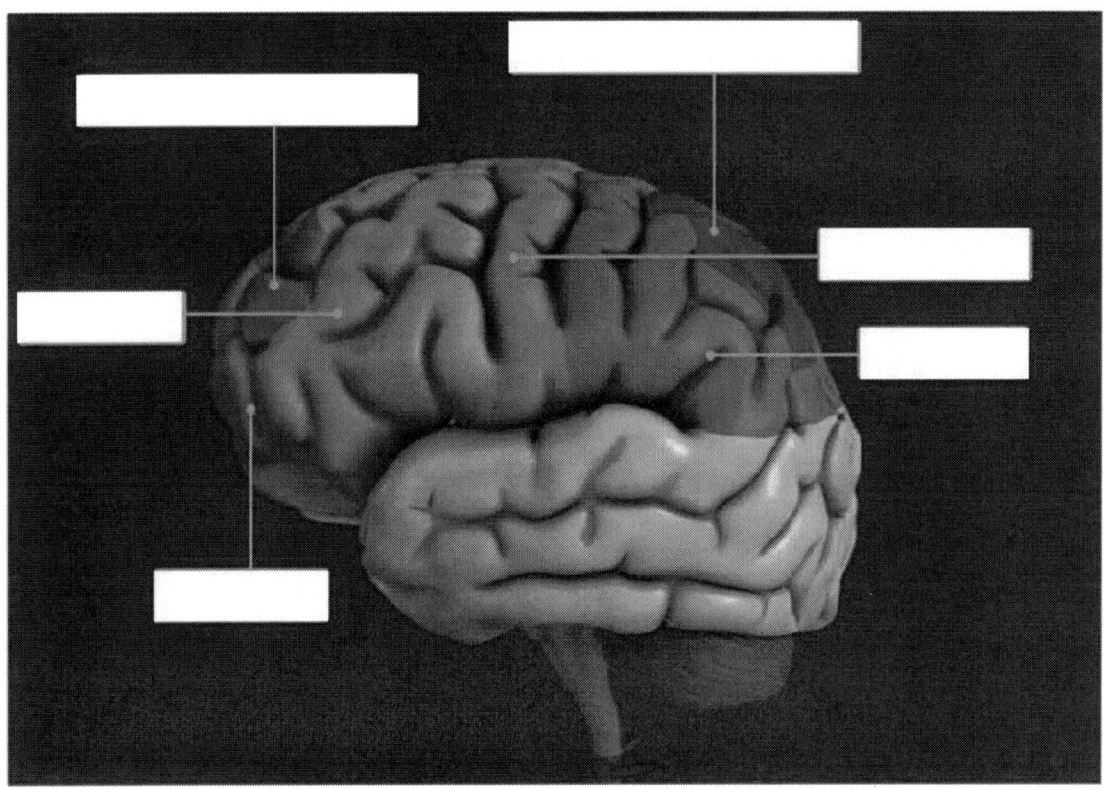

Figura 5.1. *Àrees corticals del sistema* sensoriomotor.

Activitat 5.2: Vies motores

Els senyals motors són transmesos des del SNC cap als músculs a través de dues grans vies o tractes descendents per la medul·la espinal: tractes medials i tractes dorsolaterals (en ambdós casos hi ha una via directa i una altra indirecta). En aquesta activitat l'alumne repassarà el recorregut d'aquestes vies pintant i indicant-ne els components principals en les figures 5.2.A (tractes medials) i 5.2.B (tractes dorsolaterals).

Activitat Grupal: Sistemes sensorials i motors

En aquesta activitat es formaran grups de 4-5 alumnes, cada grup haurà de treballar una via sensorial o motora amb l'ajuda de les Flashcards de Neurociència (Felten, 2023) i exposar-la a classe.

- *Referència bibliogràfica:*

Felten, D.L (2023). *Netter Flashcards de Neurociencia.* 4ª Edición. Ed. Elsevier. ISBN: 978-84-458-2665-2.

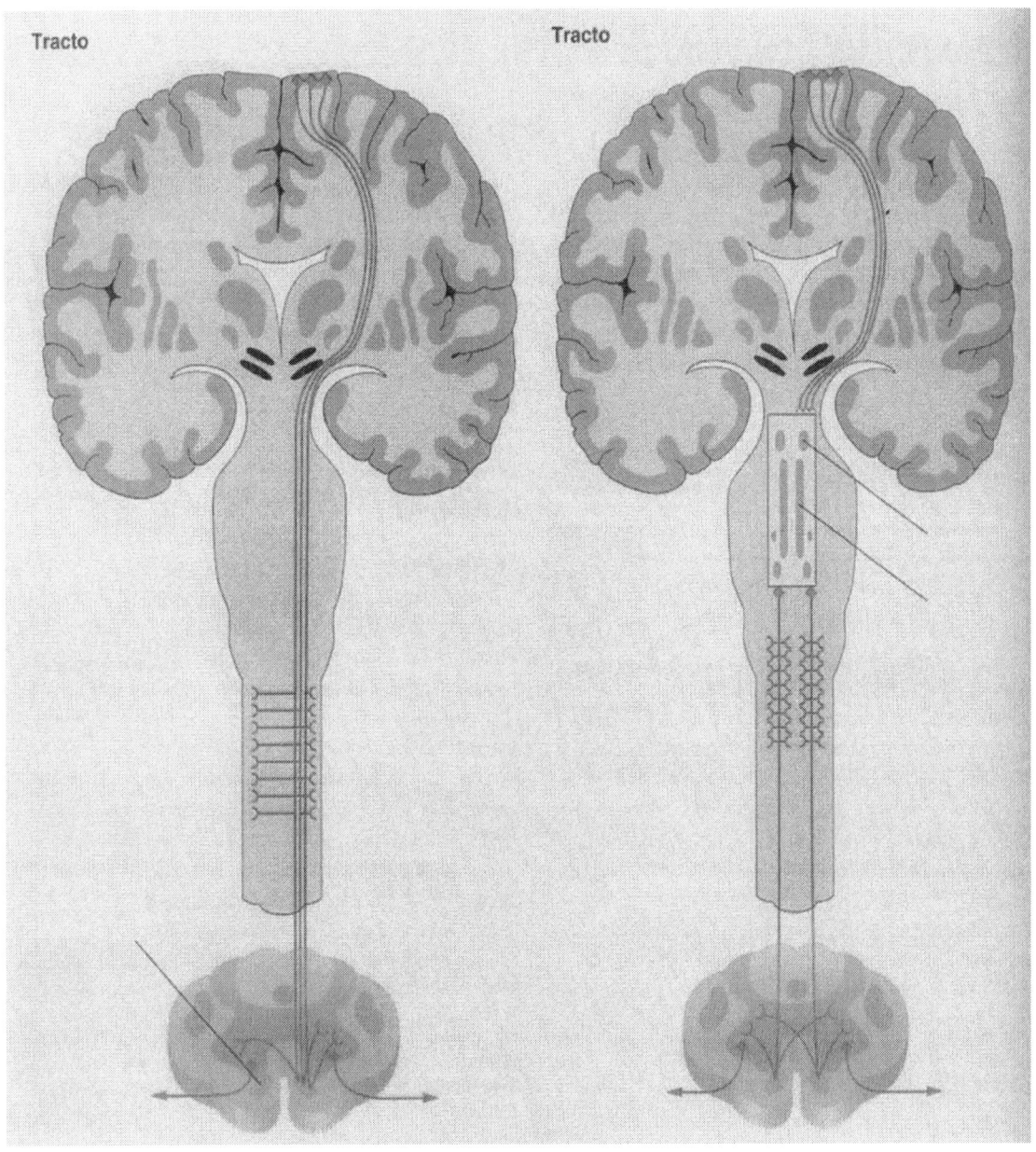

Tracto

Tracto

Figura 5.2.A. *Vies motores: tractes medials.*

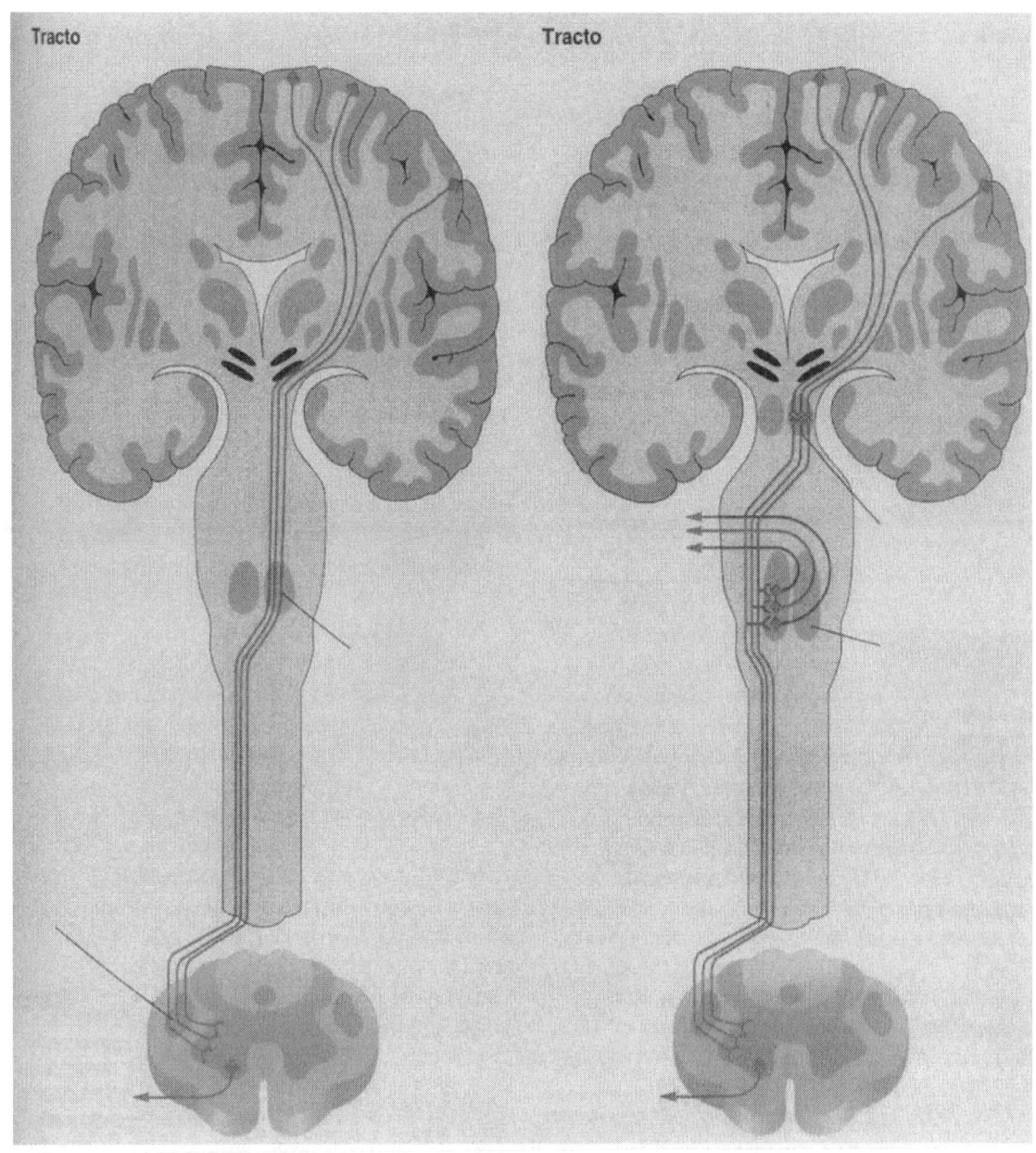

Figura 5.2.B. *Vies motores: tractes dorsolaterals.*

UNITAT II:

BASES BIOLÒGIQUES DELS RITMES BIOLÒGICS I LA SON

6. Ritmes biològics

Activitat 6.1: Rellotge intern I

 Aquesta activitat consistirà en el visionat del vídeo "El rellotge intern" (Font: RTVE "El caçador de cervells"; durada: 29 min 31 s) (disponible a: https://links.uv.es/a12dejl) i respondre a les següents qüestions relacionades amb el mateix:

1) Quin és el "rellotge mestre" als mamífers? Descriviu-ne breument l'estructura i la funció.

....

....

....

....

2) Com canvia el rellotge biològic amb l'edat? Quines conseqüències tenen aquests canvis?

....

....

....

....

3) Principals canvis fisiològics basats en el rellotge biològic que experimentem al nostre cos durant el dia. Implicacions a la vida diària.

....

....

....

4) Relació entre cronobiologia i obesitat. Com afecten els nostres ritmes circadians a la sensació de gana?

....

....

....

5) Segons un estudi de la Universitat de Berkeley, quins efectes té la migdiada sobre la funció cognitiva?

....

....

6) Per què l'exposició a la llum blanca i taronja afecten diferencialment la melatonina?

....

....

....

7) Cronodisrupció i treballs per torns: Comparació entre diferents torns de treball.

....

....

....

Activitat 6.2: Rellotge intern II

Aquesta activitat consistirà en la lectura analítica de l'article "Rellotges interns desajustats" (disponible en el material de reprografia) i respondre a les qüestions següents relacionades amb aquest:

1) Indicadors temporals externs més importants.

....
....
....
....

2) Quin és el nostre rellotge central intern?

....

3) Diferencieu el cronotip "Alosa" (*Alondra*) i "Mussol" (*Lechuza*).

....
....
....

4) Què és la cronoteràpia?

....
....

5) Hormona utilitzada en el tractament del *Jet Lag*.

....

- *Referència bibliogràfica:*

Oster, H (2017). Relojes internos desajustados. *Mente y Cerebro,*
    86: 52-59.

Activitat 6.3: Rellotge intern III

 Aquesta activitat consistirà en el visionat del vídeo "Com el nostre estil de vida afecta el ritme circadià". De MARCOS VAZQUEZ" (Font: TEDx Talks; durada: 15 min 47 s) (disponible a: https://links.uv.es/5GRJTqq) i respondre a les següents qüestions relacionades amb aquest:

1) Traieu les principals idees de la xerrada TED de Marcos Vázquez.

....

....

....

....

....

....

2) Com afecten els hàbits de vida quotidians als ritmes biològics?

....

....

....

3) Quines són les recomanacions principals per mantindre un bon funcionament?

....

....

....

....

4) Quines d'aquestes indicacions creieu que vos hauríeu d'aplicar?

....

....

....

....

5) Podria incloure alguna recomanació més?

....

....

....

Activitat 6.4: Melatonina

Aquesta activitat consistirà en la lectura analítica de l'article "La melatonina" (disponible al material de reprografia) i respondre a les qüestions següents relacionades amb aquest:

1) Quin filòsof va considerar la glàndula pineal com la seu de l'ànima?

....

2) Principals fonts extrapineals de melatonina.

....

....

3) Principals efectes de la melatonina.

....

....

....

4) On és el principal rellotge endogen?

....

5) Efecte de la melatonina sobre el son.

....

....

- *Referència bibliogràfica:*

Guerrero, JM y cols. (2017). La melatonina. *Investigación y Ciencia*, Octubre (Especial "Relojes biológicos."): 32-40.

Activitat 6.5: Cronotips

Passe experimental del qüestionari de Matutinitat-Vespertinitat d'Horne i Östberg (disponible en el material de reprografia) i comentari dels resultats obtinguts sobre la base del següent esquema:

1) Puntuació obtinguda per l'alumne i comparació amb les obtingudes pels altres companys de classe.

....

2) Aquesta puntuació, en quin cronotip el situaria?

....

3) Quines implicacions tindria aquest cronotip en relació amb possibles variacions als nivells de melatonina i la seua relació amb la lluminoteràpia?

....

....

....

4) Comenteu breument algunes diferències avaluades en investigacions recents entre matutins i vespertins.

....

....

....

....

7. Cicle Son-vigília

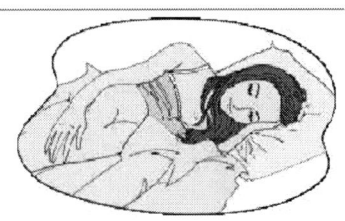

Activitat 7.1: Registre d'ones EEG

A classe s'exposaran les principals característiques d'alguns sistemes que es poden utilitzar al laboratori per al registre d'ones EEG (electroencefalogràfiques), com ara BIOPAC i ENOBIO.

- Pràctica en grups de 4-5 alumnes per al registre d'ones EEG mitjançant sistema BIOPAC.

L'alumne haurà d'emplenar el següent informe:

1) Quin tipus de registre s'ha realitzat amb el mòdul de BIOPAC utilitzat a la pràctica?

....

....

2) Quins 4 tipus d'ones hem registrat i quina freqüència té cadascuna?

....

....

....

....

3) Quina mena de tasques ha triat el seu grup per evocar cadascuna de les ones? Considereu que heu aconseguit el vostre objectiu en cada cas?

....

....

4) Comenteu breument 3 possibles aplicacions d'aquest tipus de registres electroencefalogràfics.

....

....

....

Activitat 7.2: Avaluació de la qualitat del son

"L'ansietat que experimentem a causa del distanciament social i del risc d'infecció pel nou coronavirus està alterant el nombre i la naturalesa dels nostres somnis" (Nielsen, 2021).

Aquesta activitat consistirà en l'avaluació de la qualitat del son mitjançant l'escala "Índex de Qualitat del Son de Pittsburgh" (Pittsburgh Sleep Quality Index, PSQI) (disponible al material de reprografia):

- Llegiu detingudament les instruccions abans de passar l'escala.

- Seleccioneu 3 persones adultes del vostre entorn (familiars o amics) i apliqueu l'escala.

- Per a cada participant, obtingueu la puntuació total (PT) i la puntuació dels 7 components.

....

....

....

....

....

- Tenint en compte la interpretació que ofereix l'escala, quina qualitat de son tindria cadascuna de les tres persones seleccionades?

....

....

....

- *Referències bibliogràfiques:*

Buysse, DJ; Reynolds, CF; Monk, TH; Berman, SR y Kupfer, DJ (1989). The Pittsburgh Sleep Quality Index: a new instrument for psychiatric practise and research. *Psychiatry Research*, 28: 193-213.

Macías-Fernández, JA y Royuela-Rico, A (1996). La versión española del índice de la calidad de sueño de Pittsburgh. *Informaciones Psiquiátricas*, 146: 465-472.

Nielsen, T (2021). Epidemia onírica. *Mente y Cerebro*, 106: 10-15.

Activitat 7.3: Funcions de la son I

Aquesta activitat consistirà en la lectura analítica de l'article "Efectes cerebrals de la manca de son" (disponible en el material de reprografia) i respondre a les qüestions següents relacionades amb aquest:

1) A quina taxa d'alcoholèmia equival dormir poc durant uns quants dies?

....

2) Per què dormim? Enumereu els processos biològics que milloren la son, segons l'article.

....

....

....

....

3) Quantes hores de son són suficients per a mantenir-se sa físicament i mentalment a llarg termini? Comenteu la resposta relacionada amb les hores de son necessàries per a mantenir-se sa.

....

....

....

....

....

4) Expliqueu en què consisteix el model dels dos processos que regula el cicle son-vigília.

....

....

....

....

....

5) Enumereu quines funcions cerebrals es veuen reduïdes a causa de la falta de son.

....

....

....

....

....

6) Què és l'adenosina i quina és la seua relació amb la "teoria del factor de la son"?

....

....

....

....

7) Com actuen la cafeïna i l'alcohol i quins són els seus efectes sobre la son?

....

....

....

....

- *Referència bibliogràfica:*

Elmenhorst, D y Elmenhorst, EM (2019). Efectos cerebrales de la falta de sueño. *Mente y Cerebro*, 96: 46-55.

Activitat 7.4: Funcions de la son II

- *Objectiu*: Analitzar les possibles conseqüències de la deprivació del son a través dels vídeos proposats i identificar les possibles funcions dels processos del son per al cervell.

- *Material*: Per a aquesta pràctica es podran utilitzar els següents vídeos:

- Son i cognició: solució de problemes.
  https://links.uv.es/ynTnV3n

- Privació de son: memòria i fam.
  https://links.uv.es/haDe12G

- Efectes de la privació de la son.
  https://links.uv.es/5TggNdJ

- Privació de son i agressivitat: Stroop emocional.
  https://links.uv.es/2vOEdck

- Privació de son i suïcidi: la marató de l'insomni.
  https://links.uv.es/9BCzoLR

- Adolescència: privació de son i melatonina.
  https://links.uv.es/WnOTHs6

- *Tasca*: Descriviu els principals efectes de la privació de son observats en els vídeos.

....

....

....

....

....

....

....

....

....

....

....

....

....

....

....

....

UNITAT III:

BASES BIOLÒGIQUES DE LA MOTIVACIÓ

8. Ingesta

Activitat 8.1: Fases del metabolisme energètic

En aquesta activitat l'alumne haurà de completar les vies metabòliques de la fase d'absorció i la fase de dejuni del metabolisme energètic a la figura 8.1.

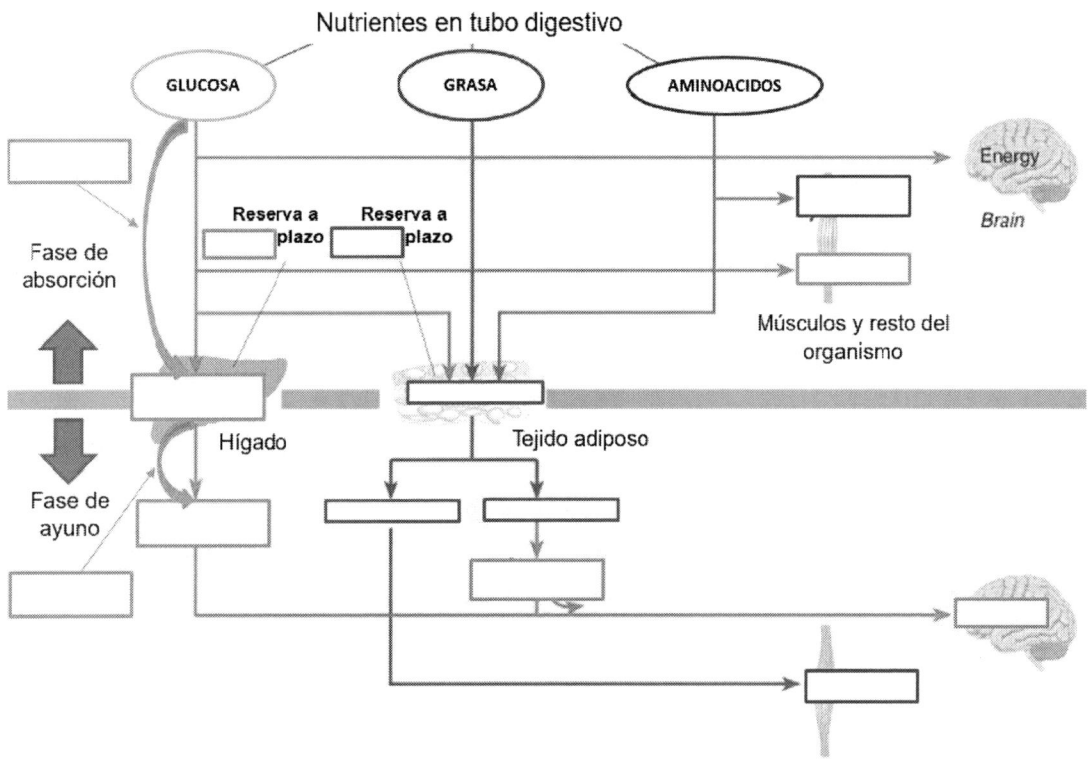

Figura 8.1. *Fases del metabolisme energètic (Adaptat de Carlson i Birkett, 2018).*

- *Referència bibliogràfica:*

Carlson, NR y Birkett, MA (2018). *Fisiología de la Conducta* (12ª Ed.). Pearson-Addison Wesley, Madrid.

Activitat 8.2: Casos anòmals d'ingesta

Les conductes motivades d'ingesta, beure i menjar han d'estar regulades de manera precisa per mecanismes que permeten mantindre una constància del medi intern davant de la variabilitat del medi extern. Les conseqüències derivades d'una alteració dels sistemes fisiològics encarregats de controlar aquestes conductes poden arribar a ser molt perjudicials per a l'organisme.

Aquesta activitat consistirà en respondre unes qüestions referides a dos casos pràctics sobre alteracions de la regulació biològica de la ingesta de beguda i menjar.

A) Sigueu: Diabetis insípida

- *Descripció del cas clínic:*

"Finalment em van diagnosticar una diabetis insípida neurohipofisària. Mai no havia passat tanta set. En sis hores havia perdut 3 quilos i orinava constantment. La meua vida estava condicionada per les contínues ganes d'orinar i també per la necessitat de beure aigua constantment per sobreviure. El meu fill també va ser diagnosticat de diabetis insípida, l'esprai nasal Minirín li ha anat molt bé. Un amic em va explicar la història de la seua iaia, que també devia patir diabetis insípida. En aquella època, aquesta no volia saber res d'aquell tràfec de beure constantment i orinar fins a 15 litres que es portaven els fills. Els xiquets tenien terminantment prohibit alçar-se a la nit per beure. Tot i això, ella guardava una gerra d'aigua baix del llit per calmar la set. Els xiquets no podien passar sense aigua i mentre sa mare dormia, s'arrossegaven sigil·losament per baix del llit per beure.

*Quan un d'aquests xiquets, per altres motius, va ser ingressat en un sanatori les infermeres fartes d'aquell beure i orinar constant, es van negar a continuar donant-li més aigua. El nen per aconseguir més líquid, a la nit es bevia l'aigua dels gerros, però en un moment donat es va deshidratar tant que van pensar que moriria; tot i això, el problema es va solucionar quan se li va deixar beure aigua constantment. Aquest és el cas d'una família de cinc generacions amb aquesta patologia. El 1992 es va trobar que hi havia un defecte a l'ADN d'aquesta família afectada per la diabetis insípida. Un únic component de l'ADN al cromosoma 20 era el responsable dels quinze litres d'orina diaris, un defecte hereditari de l'hormona ADH. Ara els pacients prenen ADH d'efecte prolongat en forma de pastilla o esprai nasal, de manera que la quantitat de líquid que beuen i que orinen s'ha vist reduïda a proporcions normals. Alguns pacients van optar per no prendre cap medicament, perquè van considerar que es tractava d'un tret distintiu de la família".
(Adaptat de Swaab, 2014).*

• *Indicacions terapèutiques: Minirín* solució en esprai està indicat en pacients amb diagnòstic establert de diabetis insípida central. Minirín pot ser usat per a determinar la capacitat dels ronyons per concentrar l'orina (ajuda diagnòstica per examinar la funció renal).

Abans, quan un pacient orinava molt, el professional provava l'orina, si aquesta era dolça, llavors se li diagnosticava diabetis mellitus. Si, per contra l'orina no era dolça, llavors es tractava de diabetis insípida i es buscava l'origen del problema als ronyons o al cervell. En situacions normals, el ronyó filtra cada dia de 180-200 litres de sang per produir 1,5-2 litres d'orina.

- *Qüestionari:*

1) Què és la diabetis insípida?

....

....

....

2) Quins símptomes mostrava la pacient del cas?

....

....

....

3) Quina era la causa del trastorn?

....

....

....

4) Indiqueu-ne un possible tractament.

....

....

B) Fam: Síndrome de Prader-Willi

- *Descripció del cas clínic:*

"Un home de negocis japonés acabalat, director d'una fàbrica de components d'automòbils es va casar amb una biòloga i van tenir dues filles. Al Japó no era possible que una dona el succeïra com a director, de manera que van decidir tindre un tercer fill. Durant l'embaràs la dona se sentia menys vital, el part es va avançar tres setmanes i va ser molt més llarg i dificultós que els dos anteriors, però era un xic. El xiquet estava tan feble que no podia mamar i el van haver d'alimentar amb una sonda. Després d'un any i mig va començar a menjar –i de quina manera–. Mai s'assaciava, plorava perquè li donaren més menjar i va engreixar-se massa. Al cap de quatre anys se li va diagnosticar la síndrome de Prader-Willi. Es va informar als pares que el xiquet sempre patiria retard mental i que la resta de la seua vida seria una contínua lluita per evitar l'obesitat i la diabetis, amb tots els riscos que comporten totes dues. La mare va posar un rellotge electrònic a tots els armaris on guardava comestibles i es passava el dia amb ell, ensenyant-lo, estimulant-lo i oferint-li noves experiències per distraure'l de pensar contínuament en el menjar. Gràcies a això, el nen tenia un aspecte sorprenentment normal per tractar-se d'un pacient de Prader-Willi. Tot i això, tots els esforços de la mare no aconseguien evitar que el nen experimentés enormes atacs d'ira. La dona es va posar en contacte amb l'associació japonesa de malalts de Prader-Willi i va assistir amb el seu fill a un congrés internacional on els investigadors i els pares es reunien per aprendre els uns dels altres.

Sovint, els pares porten els seus fills al congrés, de manera que a l'avió es veuen aquests homenets i dones xicotetes Michelin increïblement grossos procedents d'Europa, Japó, Índia i nord d'Àfrica, desbordant-se de les cadires, amb les mans i els peus massa petits i els seus típics ulls ametllats. Al congrés, la mare va sentir parlar d'una nova hormona del creixement que podia tornar a normalitzar l'intercanvi de substàncies en els xiquets amb aquesta síndrome, de manera que fins i tot els xiquets més grossos poguessin recuperar un cos normal i s'acabés la constant lluita amb la gana insaciable.

La síndrome de Prader-Willi es coneix als Estats Units com la síndrome de H3O (hipomència, hipotonia, hipogonadisme i obesitat). Els símptomes se centren sobretot en els trastorns de les funcions de l'hipotàlem. El part dificultós es pot considerar el primer símptoma d'un mal funcionament de l'hipotàlem del xiquet, ja que aquest té un paper molt actiu que marca el començament del part i n'accelera el desenvolupament.

A la majoria dels pacients amb Prader-Willi els falta una petita part del cromosoma 15, mentre que la resta la tenen però no els funciona. Es tracta de la part rebuda del pare. També el nucli paraventricular de l'hipotàlem és un terç més xicotet del que és normal i conté la meitat de les neurones que produeixen oxitocina. Aquestes últimes són les nostres "neurones de la sacietat". La desactivació d'aquestes neurones en els animals de laboratori provoca una gran gana i obesitat, en conseqüència, és probable que la reduïda quantitat de neurones que alliberen oxitocina siga la causa que els pacients de Prader-Willi no experimenten una sensació de sacietat per molt que mengen. Continuem buscant la relació entre els gens de Prader-Willi al cromosoma 15 i el mal funcionament de l'hipotàlem.

Es va informar que un pacient Prader-Willi de trenta-nou anys mostrava símptomes que es corresponien amb els dels ancians dements. És possible que en els pacients de Prader-Willi hi haja més risc de patir un envelliment precoç i la malaltia d'Alzheimer? Era una pregunta nova, perquè els pacients de Prader-Willi fins fa poc no arribaven a una edat molt avançada. A les mostres cerebrals de pacients amb la síndrome que havien arribat als quaranta anys vam vore les típiques alteracions de l'Alzheimer. Alguns investigadors creuen que aquesta degeneració es produeix fins i tot abans de complir els trenta anys, d'altres parlen d'una ràpida degeneració al voltant dels quaranta anys. Actualment, s'han començat les investigacions d'aquest fenomen. La precoç aparició de l'Alzheimer és un símptoma de la síndrome de Prader-Willi o es pot produir en tots els casos d'obesitat extrema? Si això és així, ens espera una explosió de casos d'envelliment cerebral i Alzheimer, atés l'augment d'obesitat extrema que hi ha a tot el món." (Adaptat de Swaab, 2014).

- Qüestionari:

1) Què és la síndrome de Prader-Willi?

....

....

....

....

2) Quins símptomes van comunicar a la mare que patiria el fill amb síndrome de Prader-Willi?

....

....

....

3) Quina alteració cerebral presenta?

....

....

4) Com es podria tractar?

....

....

5) Hi ha relació entre la Síndrome de Prader-Willi i l'envelliment precoç?

....

....

- *Referència bibliogràfica:*

Swaab, D (2014). *Somos nuestro cerebro. Cómo pensamos, sufrimos y amamos*. Plataforma Editorial, Barcelona.

- *Qüestionari II (Síndrome de Prader-Willi):*

Aquesta activitat consistirà en la lectura analítica de l'article "Síndrome de Prader-Willi: una malaltia rara que converteix el menjar en obsessió" (disponible en el material de reprografia) i respondre les qüestions següents:

1) Quina és generalment l'evolució dels símptomes al llarg del cicle vital?

....

....

....

2) Com s'hauria d'abordar el tractament dels pacients amb la síndrome de Prader-Willi des del punt de vista multidisciplinari?

....

....

....

- *Referència bibliogràfica:*

Lázaro, E; Posada, M y Vázquez, N (2022). Síndrome de Prader-Willi: una enfermedad rara que convierte la comida en obsesión. *The Conversation*, 22 marzo 2022.

Activitat 8.3: Trastorns de la Conducta Alimentària

Els anomenats trastorns de la conducta alimentària (TCA) són un grup de patologies que es caracteritzen per una alteració a la ingesta alimentària i l'aparició de comportaments inadequats per al control del pes corporal, emmarcats en una preocupació excessiva pel pes i la figura. Dins dels TCA es troben l'anorèxia nerviosa, la bulímia nerviosa i el trastorn per afartament (ingesta compulsiva sense conductes compensatòries, com ara vomitar), entre d'altres.

Aquesta activitat consistirà en la lectura analítica de l'article "De l'anorèxia a l'obesitat" (disponible al material de reprografia) i respondre a les qüestions següents relacionades amb aquest:

1) Incidència d'anorèxia nerviosa o bulímia nerviosa a Espanya.

....

2) Principals factors de risc d'obesitat i TCA.

....

....

....

....

3) Quina hormona és produïda pel teixit adipós i quin efecte té?

....

....

4) Quins dos neurotransmissors hipotalàmics orexígens són anomenats a l'article? Com actuen?

....

....

....

5) Què és la grelina?

....

....

6) Quina és una de les conductes de més risc per al desenvolupament dels TCA?

....

7) Funcions cognitives més afectades a l'obesitat i els TCA.

....

....

- *Referència bibliogràfica:*

Agüera, Z; Mallorquí, N y Fernández, F (2018). De la anorexia a la obesidad. *Mente y Cerebro*, 90: 18-24.

Activitat 8.4: Obesitat I

Aquesta activitat consistirà en la lectura analítica de l'article "La complexa fórmula de la pèrdua de pes" (disponible al material de reprografia) i respondre a les qüestions següents relacionades amb aquest:

1) Percentatge de població adulta obesa o amb sobrepès als EUA ia Espanya.

....

....

2) Definició d'obesitat.

....

....

3) Quina quantitat de quilocalories necessita al dia un home o una dona adults de pes i alçada mitjans?

....

....

4) Quins són els anomenats factors Atwater?

....

....

....

5) En quin percentatge de la despesa energètica total del cos hi contribueix l'activitat física?

....

6) Quins aliments sadollen més i controlen millor la sensació de gana?

....

....

- *Referència bibliogràfica:*

Roberts, SB y Das, SK (2018). La compleja fórmula de la pérdida de peso. *Investigación y Ciencia*, Enero: 66-71.

Activitat 8.5: Obesitat II

Aquesta activitat consistirà en la lectura analítica de l'article "Efectes biopsicosocials de les dietes deficients" (disponible en el material de reprografia) i respondre a les qüestions següents relacionades amb aquest:

1) Fórmula de l'IMC. Valor de sobrepés i obesitat.

....

....

2) Principals malalties greus associades a l'obesitat.

....

....

3) Quin nutrient consumeixen les neurones?

....

4) Prevalença de sobrepés i obesitat a la població infant juvenil a Espanya.

....

....

5) Principals efectes d'una alimentació pobra en glucosa.

....

....

....

....

....

6) Relació entre alimentació i estat emocional.

....

....

- *Referència bibliogràfica:*

Félix-Alcántara, MP (2021). Efectos biopsicosociales de las dietas deficientes. *Mente y Cerebro*, 111: 51-57.

Activitat 8.6: Anorèxia

Aquesta activitat consistirà en la lectura analítica de l'article "Superar la inanició" (disponible al material de reprografia) i respondre a les qüestions següents relacionades amb aquest:

1) Quan s'inicia generalment l'anorèxia?

....

2) Principal canvi observat al cervell d'anorèxiques.

....

....

3) Principal dèficit cognitiu observat en persones anorèxiques.

....

....

4) Criteri diagnòstic en % de pes i en IMC per a l'anorèxia.

....

....

5) Percentatge de mortalitat en anorèxia.

....

6) Tipus de psicoteràpia amb més èxit de compliment? I millors resultats a llarg termini?

....

....

7) Per què dejunen les persones amb anorèxia?

....

....

- *Referència bibliogràfica:*

Meyer, A (2017). Superar la inanición. *Mente y Cerebro*, 82: 30-35.

Activitat 8.7: Trastorns de l'alimentació

Aquesta activitat consistirà en el visionat del vídeo "Creant consciència: trastorns de l'alimentació o l'obsessió per la perfecció del cos" (durada: 29 min 52 s) (disponible a: https://links.uv.es/PFz0qq2) i respondre a les qüestions següents relacionades amb aquest:

1) Quins tipus de trastorns se citen al vídeo?

....

....

....

2) Quins percentatges de morts s'han registrat?

....

3) Què és l'anorèxia?

....

....

4) Què és la bulímia?

....

....

....

5) Què és el "trastorn per afartament" *("atracón")?*

....

....

6) Indiqueu etapa de la vida, sexe i edat on hi ha un major risc.

....

....

....

7) Conseqüències si el trastorn apareix abans de la pubertat.

....

....

....

8) Com ha de ser el tractament?

....

....

....

9. Conducta sexual

Activitat 9.1: Casos anòmals de desenvolupament sexual

Per una anomalia genètica o per una alteració dels efectes organitzadors de les hormones sexuals poden sorgir casos (síndromes) de desenvolupament sexual excepcional. En aquesta activitat es presentaran diversos exemples, en què l'alumne haurà de completar les qüestions plantejades:

A) Síndrome d'insensibilitat als andrògens

1) Expliqueu i raoneu en què consisteix:

....

....

....

....

2) A quin sexe afecta?

....

3) Determineu el sexe cromosòmic:

....

4) Determineu el sexe gonadal:

....

5) Determineu els òrgans sexuals interns:

....

6) Determineu els òrgans sexuals externs:

....

....

7) Expliqueu per què durant l'adolescència es desenvolupen els caràcters sexuals secundaris femenins:

....

....

....

B) Síndrome de Turner

1) Expliqueu i raoneu en què consisteix:

....

....

....

2) A quin sexe afecta?

....

3) Determineu el sexe cromosòmic:

....

4) Determineu el sexe gonadal:

....

5) Determineu els òrgans sexuals interns:

....

6) Determineu els òrgans sexuals externs:

....

....

C) Síndrome adrenogenital (o Hiperplàsia Adrenal Congènita)

1) Expliqueu i raoneu en què consisteix:

....

....

....

....

2) A quin sexe afecta?

....

3) Determineu el sexe cromosòmic:

....

4) Determineu el sexe gonadal:

....

5) Determineu els òrgans sexuals interns:

....

6) Determineu els òrgans sexuals externs:

....

....

....

D) Síndrome del conducte mülterià persistent

1) Expliqueu i raoneu en què consisteix:

....

....

....

....

2) A quin sexe afecta?

....

3) Determineu el sexe cromosòmic:

....

4) Determineu el sexe gonadal:

....

5) Determineu els òrgans sexuals interns:

....

6) Determineu els òrgans sexuals externs:

....

....

....

Activitat 9.2: Control hormonal de la conducta sexual

1) Eix hipotàlem-hipòfisi-gonadal:

L'alumne haurà de completar l'eix hipotàlem-hipòfisi-gonadal que apareix a la figura 9.2 amb les principals hormones alliberades.

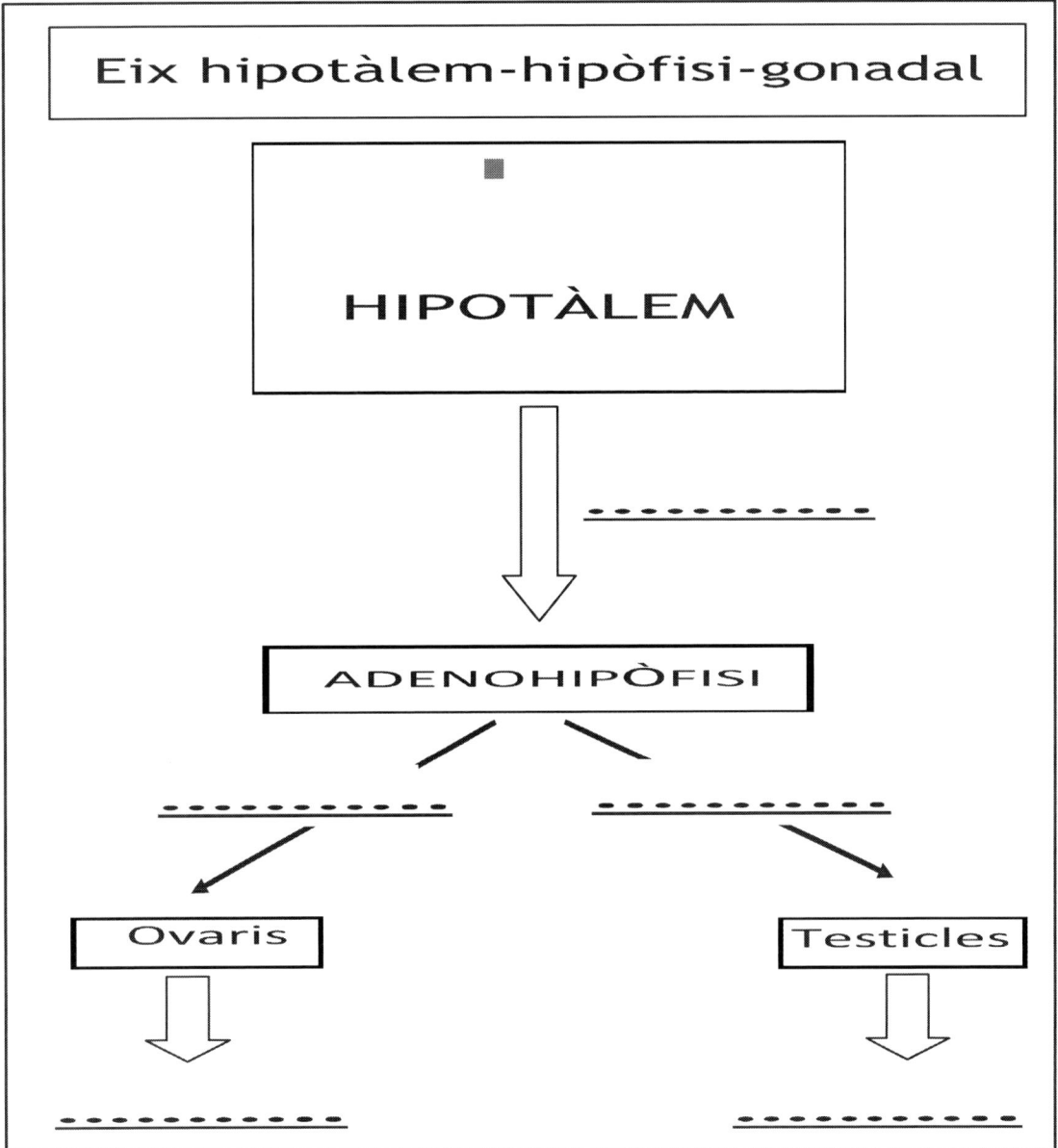

Figura 9.2. *Eix hipotàlem-hipòfiso-gonadal.*

2) En un cicle menstrual regular de 35 dies, diferencieu les fases del cicle i la durada aproximada de cadascuna.

....

....

....

....

3) En el mateix cicle i tenint en compte les diferents fases, representeu quan són més elevats els nivells d'hormones hipofisiàries i gonadals.

4) Definiu i citeu un exemple:

- Efectes organitzadors de les hormones sexuals.

....

....

....

....

- Efectes activadors de les hormones sexuals:

....

....

....

....

Activitat 9.3: Resposta sexual humana

L'alumne haurà de descriure les fases i característiques de la resposta sexual humana:

....

....

....

....

....

....

....

....

....

....

....

....

....

....

....

....

....

Activitat 9.4: Dimorfisme sexual

A) Habilitats espacials i test d'aptituds diferencials (DAT)

- *Llegat evolutiu:* més pressió selectiva sobre l'home en l'adquisició d'habilitats de navegació a llarga distància i paper més important de l'home en tasques de construcció d'eines.

- *Hipòtesi:* els homes obtindran puntuacions més altes en feines espacials que les dones.

- *Prova:*

La bateria DAT va ser elaborada per servir com a instrument científic d'avaluació de les aptituds d'estudiants a partir de 14 anys. Està composta per diversos subtests: raonament verbal, habilitat numèrica, raonament abstracte, rapidesa i precisió perceptiva, raonament mecànic, relacions espacials, ortografia i sintaxi.

El subtest de relacions espacials (RE) combina l'habilitat per visualitzar un objecte que s'ha de construir a partir d'un esquema o model previs juntament amb la capacitat per imaginar com apareixeria un objecte si se'l fes girar o hagués de ser percebut des de diferents perspectives.

La tasca és contestar el màxim nombre d'ítems en 25 minuts.

B) Habilitats motrius fines i tauler de clavilles de Purdue

- *Llegat evolutiu:* major implicació de les dones en tasques d'acció al detall com ara recol·lectar xicotets fruits, fer ceràmica, teixir, confeccionar fils...

- *Hipòtesi:* les dones obtindran puntuacions més altes en feines de motricitat fina que els homes.

- *Prova:*

  El tauler de clavilles de Purdue va ser dissenyat per a la selecció de personal en empreses amb feines que requereixen habilitats manuals.

  La tasca consisteix en quatre assajos: primer, col·locar als forats del tauler tantes varetes com puga el subjecte només amb la mà dreta durant 30 segons; segon, col·locar als forats del tauler tantes varetes com puga el subjecte només amb la mà esquerra durant 30 segons; tercer, col·locar als forats del tauler tantes varetes com puga el subjecte per parells (una amb cada mà) de forma simultània durant 30 segons; i quart, fer tants acoblats (vareta-mà dreta, volandera-mà esquerra, cilindre-mà dreta, volandera-mà esquerra) com puga el subjecte amb les dues mans de forma alternada durant 60 segons.

- *Pràctica a realitzar a classe.*

  Es formaran dos grups de 10 persones, cadascun format per 5 xics i 5 xiques preferiblement. Cada grup realitzarà una de les dues proves explicades a classe, de manera que cinc xics i cinc xiques faran el subtest de RE del DAT i cinc xics i cinc xiques faran la prova

Purdue.

En el cas del subtest de RE del DAT, cada subjecte del grup disposarà de 10 minuts (en comptes de 25 minuts) per fer la tasca. Es calcularà per a cada subjecte el nombre d'ítems contestats, el nombre d'encerts i el percentatge d'encerts. Posteriorment, s'obtindran les mitjanes per a cadascuna de les puntuacions per a xics per una banda i per a xiques de l'altra.

En el cas de la prova de Purdue, cada subjecte del grup farà els quatre assajos. S'obtindrà una puntuació per assaig, havent-hi un total de 4 puntuacions per subjecte. Posteriorment, s'obtindran les mitjanes per a cadascuna de les puntuacions per a xics per una banda i per a xiques de l'altra.

- *Qüestionari*:

1) Definiu el concepte de "dimorfisme sexual cerebral".

....

....

2) A la pràctica realitzada a classe, quines són les proves que s'han utilitzat i què mesura cadascuna? Quina hipòtesi es planteja sobre resultats esperables en aquestes proves sobre la base de la literatura científica sobre el tema?

....

....

....

....92...

....

3) Segons els resultats obtinguts a les proves, es confirma la hipòtesi plantejada? Justifiqueu la resposta.

....

....

....

....

4) Elaboreu una taula comparativa dels resultats obtinguts en aquests tests pel grup d'homes i dones de la seua classe. Relacioneu els resultats obtinguts a la seua classe pel grup d'homes i dones amb les idees exposades a l'article "El poder de les hormones" (*Mente y Cerebro*, Julio-Agosto 2014, 674. Disponible en: https://links.uv.es/7soEssH).

5) Busqueu un article recent (últims 5 anys) sobre connectivitat cerebral en homes i en dones i expliqueu breument les principals troballes sobre el tema.

....

....

....

....

....

....

....

6) Esmenteu algunes possibles implicacions d'aquestes diferències sexuals a nivell cerebral i cognitiu.

....

....

....

....

....

....

- *Referències bibliogràfiques:*

Denworth, L (2017). ¿Existe un cerebro femenino? *Investigación y Ciencia,* 494.

Kimura, D (2004). *Sexo y capacidades mentales.* Ariel, Barcelona.

- *Webs d'interès:*

- "Home/dona: som dos móns a part".
https://links.uv.es/OoHkdVE

- "El cervell de les dones està més ben preparat per fer diverses coses alhora".
https://links.uv.es/OIHKk8U

- Són realment tan diferents els cervells d'homes i dones?
https://links.uv.es/Mn7LYY1

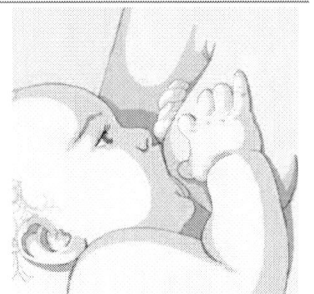

10. Conducta parental

Activitat 10.1: El cervell parental I

Aquesta activitat consistirà en la lectura analítica de l'article "En sintonia amb el nadó" (disponible en el material de reprografia) i respondre a les qüestions següents relacionades amb aquest:

1) L'àrea preòptica medial (APOm) sembla una de les principals estructures implicades en la conducta parental. Realitza un petit esquema dels principals canvis que experimenten les neurones d'aquesta àrea durant l'embaràs, així com dels canvis que s'observen als nivells d'oxitocina a l'embaràs i els primers mesos després del part.

2) Descriviu els principals canvis en la substància grisa a les regions dels lòbuls frontals i temporals que tenen lloc a les mares en relació amb l'embaràs.

....

....

....

....

3) Possibles hipòtesis respecte al fet que el nivell de testosterona és inferior als futurs pares que als homes sense fills. Comenteu breument la hipòtesi que suggereix l'article i planteja alguna hipòtesi addicional.

....

....

....

....

....

4) Comenteu breument el paper de l'amígdala en el temps que dediquen els pares i mares a la cura dels seus fills.

....

....

....

....

• *Referència bibliogràfica:*

Von Hopffgarten, A (2019). En sintonía con el bebé. *Mente y Cerebro*, 94: 60-65.

• Qüestions complementàries:

1) Com ensenya l'oxitocina al cervell de la mare a respondre a les necessitats del nounat?

(Vegeu: https://links.uv.es/7Db2FCq)

....

....

2) Comenteu una de les conseqüències epigenètiques a llarg termini que tindrien les primeres experiències de cura maternal que rep el nadó.

(Vegeu: https://links.uv.es/oTbMk1i)

....

....

• Vídeos complementaris:

- Lactància, socialització i aferrament.
https://links.uv.es/5ORQfA1

- Mecanismes neurobiològics de la conducta maternal (UNED).
https://links.uv.es/NIVBIG3

Activitat 10.2: El cervell parental II

Aquesta activitat consistirà en la lectura de l'article "Cervell de mare, cervell de pare. Neurobiologia, maternitat i paternitat" (disponible en el material de reprografia) i respondre a les qüestions següents relacionades amb aquest:

1) Què suposa la conducta maternal per a les femelles de ratolí?

....

....

....

....

2) Expliqueu les principals diferències observades entre la conducta de les mares i les padrines.

....

....

....

....

3) Descriviu com funciona la prolactina al cervell de les mares i indiqueu amb quins canvis es relaciona.

....

....

....

....

4) Quin paper neurobiològic té la placenta durant l'embaràs?

....

....

....

....

5) Expliqueu les principals característiques de les bases neurals i el paper de la prolactina a la conducta paternal. Quines diferències hi ha amb les femelles?

....

....

....

....

....

6) Per a què serveix investigar el comportament de mare i pares?

....

....

....

- *Referència bibliogràfica:*

Salais López, H y Agustín Pavón, C (2017). Cerebro de madre, cerebro de padre. Neurobiología, maternidad y paternidad. Mètode, 94: 17-21.

11. Addicció

Activitat 11.1: Models animals d'addicció: Condicionament de Preferència de Lloc (CPL)

En aquesta activitat es veurà el model animal de Condicionament de Preferència de Lloc (CPL) (vegeu la figura 11.1), prova en què s'avalua la preferència d'un animal per un entorn en què haja experimentat prèviament els efectes reforçants d'una droga.

Figura 11.1. *Caixa de Condicionament de Preferència de Lloc.*

L'alumne realitzarà les tasques següents:

1) Descriviu la caixa de CPL (proporcionada per docimoteca).

....

....

....

....

2) Enuncieu i descriviu les fases del CPL.

....

....

....

....

....

....

3) Realitzeu un petit disseny de recerca utilitzant el CPL on s'avalue el poder hedònic d'una droga.

....

....

....

....

....

....

Activitat 11.2: El perquè de l'addicció a les drogues

Aquesta activitat consistirà en la lectura analítica de l'article "El perquè de l'addicció a les drogues" (disponible al material de reprografia) i respondre a les qüestions següents relacionades amb aquest:

1) Quina és la diferència entre el concepte de dependència i addicció?

....

....

....

2) Descriviu en què consisteix la "hipòtesi de la predicció i la recompensa".

....

....

....

....

3) Expliqueu com activen les drogues el sistema dopaminèrgic i què fa que aparega la conducta addictiva.

....

....

....

....

4) Descriviu les principals causes descrites a l'article per les quals s'han observat diferències quant a l'addicció a les drogues, per què algunes persones s'enganxen?

....

....

....

....

....

....

5) Indiqueu, segons el que descriu l'article, quines són algunes de les investigacions actuals adreçades al tractament de les addiccions.

....

....

....

....

....

....

- *Referència bibliogràfica:*

Lüscher, C (2022). El porqué de la adicción a las drogas. *Mente y Cerebro*, 113: 80-85.

Activitat 11.3: Test de Fagerström de dependència de la nicotina

En aquesta activitat es veurà el test de Fagerström, test que es fa servir per a avaluar el grau de dependència física de la nicotina en fumadors. És una escala formada per 6 ítems amb dues o quatre alternatives de resposta.

Interpretació:

- La puntuació oscil·la entre 0 i 10 punts (suma de les puntuacions directes).
- Puntuació menor o igual a 4: El fumador és poc dependent de la nicotina.
- Valors de 5 i 6: Impliquen dependència mitjana.
- Puntuació igual o superior a 7 punts: El fumador és altament dependent de la nicotina.

L'alumne realitzarà les tasques següents:

1) Busqueu a internet: Test de Fagerström de dependència de la nicotina.

2) Llegiu detingudament les preguntes del test.

3) Empleneu el test si sou fumador o passeu-lo a un subjecte fumador i calculeu i interpreteu la vostra puntuació.

Activitat 11.4: Test AUDIT de dependència alcohòlica

En aquesta activitat es veurà el test AUDIT, Test d'Identificació dels Trastorns A causa del Consum d'Alcohol. L'AUDIT va ser desenvolupat per l'Organització Mundial de la Salut com a mètode simple de cribratge del consum excessiu d'alcohol i com a ajuda en la identificació de la dependència alcohòlica. És una escala formada per 10 ítems amb tres o cinc alternatives de resposta.

Interpretació:

- La puntuació oscil·la entre 0 i 40 punts (suma de les puntuacions directes).
- Puntuacions entre 8 i 15 suggereixen un consum de risc.
- Puntuacions entre 16 i 19 suggereixen dependència alcohòlica.
- Puntuacions iguals o més grans de 20 clarament requereixen una avaluació diagnòstica més àmplia de la dependència d'alcohol.

L'alumne realitzarà les tasques següents:

1) Busqueu a internet: Test Audit de dependència alcohòlica.

2) Llegiu detingudament les preguntes del test.

3) Empleneu el test si sou bevedor social (consumeix begudes alcohòliques) o passeu-ho a un subjecte que ho siga i calculeu i interpreteu la seua puntuació.

Activitat 11.5: Escala CAST d'abús de cànnabis

En aquesta activitat es veurà el test CAST, Test de Criba per a Abús de Cannabis. L'escala CAST consisteix en un qüestionari de 6 ítems curt i senzill per identificar patrons o conductes de risc associades al consum de cànnabis a l'últim any. En la versió original, els llindars de resposta positiva varien segons la pregunta. El llindar es va fixar en el de tant en tant per a les dues primeres preguntes, la qual cosa permet als individus indicar que no tenen problemes i en poques vegades per als altres. Així, les puntuacions poden variar de 0 a 6 punts aplicant aquesta correcció binària (versió CAST-b). També es pot corregir fent servir tota la gamma de respostes als ítems, obtenint una puntuació total de 0 a 24 punts (versió CAST-f).

Interpretació (CAST-b):

- 0 punts CAST: 0 risc.
- 1 a 2 punts CAST: baix risc.
- 3 punts CAST: risc moderat.
- 4 o més punts CAST: risc alt.

L'alumne realitzarà les tasques següents:

1) Busqueu a internet: Escala CAST d'abús de cànnabis

2) Llegiu detingudament les preguntes del test.

3) Empleneu el test si sou consumidor de cànnabis o passeu-lo a un subjecte que ho siga i calculeu i interpreteu la seua puntuació.

Activitat 11.6: Cooxímetre

En aquesta activitat es veurà un cooxímetre (vegeu la figura 11.5), aparell que mesura la concentració de CO_2 en ppm (parts per milió) a l'aire espirat per un individu. Amb aquest aparell, podem fer cooximetries, que són mesuraments per detectar la pèrdua en la capacitat d'oxigenació de l'hemoglobina, que consisteix a determinar el nivell de monòxid de carboni (CO) en aire espirat. Normalment, una persona no fumadora té un resultat entre 1 i 3 ppm*. Això és degut a la contaminació de les ciutats o altres causes. Les persones fumadores registren un resultat més elevat.

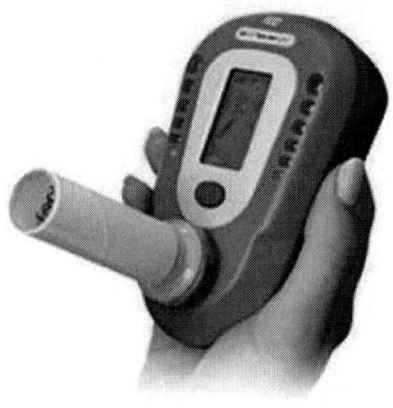

Figura 11.5. *Cooxímetre.*

L'alumne realitzarà les tasques següents:

1) Atendre les indicacions del professor sobre l'ús i el maneig del cooxímetre.

2) Formar grups amb persones fumadores i no fumadores. Utilitzant el cooxímetre, realitzar un registre en un subjecte no fumador, en un subjecte fumador que haja fumat una cigarreta fa poc temps i en un subjecte fumador que haja fumat una cigarreta fa diverses hores.

3) Contrastar i comentar resultats.

Activitat 11.7: Alcoholímetre

En aquesta activitat es veurà un alcoholímetre (vegeu la figura 11.6), aparell per mesurar la quantitat d'alcohol present a l'aire espirat (mg d'alcohol/L d'aire espirat) per una persona o per equivalència l'alcohol present a la sang (g de alcohol/L de sang).

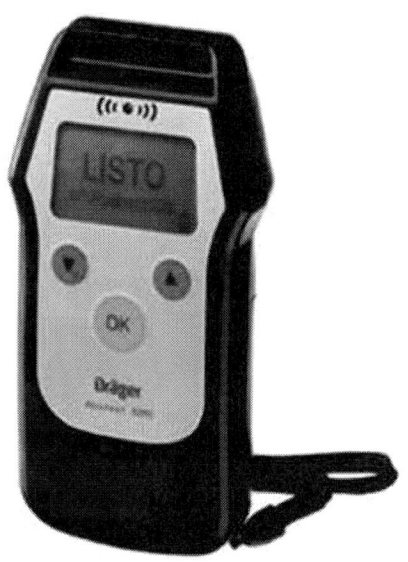

Figura 11.6. *Alcoholímetre.*

L'alumne realitzarà les tasques següents:

1) Atendre les indicacions del professor sobre l'ús i el maneig de l'alcoholímetre.

2) Formar grups compostos per persones que siguen bevedors socials i abstemis.

Utilitzant l'alcoholímetre es farà un registre en aire espirat de l'índex alcohòlic (mg/L aire espirat) en un subjecte bevedor social i en un subjecte abstemi.

3) Elaborar una taula amb els diferents índexs alcohòlics obtinguts i comenteu-ne els resultats.

Activitat 11.8: Exercicis sobre alcohol

En aquesta activitat l'alumne realitzarà una sèrie d'exercicis relacionats amb l'alcohol:

1) Graduació de les begudes alcohòliques: la proporció d'alcohol per a una beguda, per a un volum fix (1000 cc = 1000 ml = 100 cl = 1 litre), s'anomena grau alcohòlic. El grau alcohòlic ve expressat en els envasos com a ° o bé com a vol%.

- Poseu cinc exemples de begudes amb el corresponent grau alcohòlic que figure a la seua etiqueta:

....

....

....

....

....

2) En un litre de vi de 12° hi ha un 12% d'alcohol pur, és a dir:

- A 100 cl de vi, 12 cl són alcohol.

- A ¼ de licor de 48°,...........cl són alcohol.

- En una copa de brandi (40 ml) de 36°, ...ml són alcohol.

3) Per calcular els grams d'alcohol continguts o consumits en una beguda alcohòlica, apliquem la fórmula següent:

[Quantitat (ml) ingerits x graduació alcohòlica/100] x 0,8 (pes específic de l'alcohol)

En un litre de cervesa de 5° hi ha........... grams d'alcohol.

Al mig litre de vi de 13° hi ha................grams d'alcohol.

En un whisky (50 ml) de 40° hi ha.......... grams d'alcohol.

4) Per al càlcul de l'alcoholèmia (g/L sang) previsible en homes i dones, apliquem les fórmules següents (els homes metabolitzen l'alcohol millor que les dones):

- Homes: g d'alcohol ingerits/(Kg de pes corporal x 0,7)
- Dones: g d'alcohol ingerits/(Kg de pes corporal x 0,6)

Calculeu el nivell d'alcoholèmia previsible en aquests dos supòsits:

- Carmen, 18 anys, 50 kg de pes. Ha consumit 3 cerveses (ampolla: 250 ml; 5,5°)

....

- Javier, 18 anys, 65 kg de pes. Ha consumit 2 cerveses (ampolla: 250 ml, 5,5°) i dos cubates de ginebra (1 cubata: 70 ml de ginebra, 40°)

....

5) Tenint en compte que 1g/L sang = 0,5 mg/L aire espirat, realitzeu l'equivalència entre alcohol en sang i aire espirat, en els dos supòsits anteriors:

Carmen: ....

Javier: ....

6) El fetge metabolitza l'alcohol a un ritme constant. Es pot considerar que l'alcoholèmia aproximadament baixa 0,15 g/l sang per hora. Així, el temps (hores) necessari perquè l'alcohol desaparega de l'organisme es pot calcular aplicant la fórmula següent:

Nivell d'alcoholèmia (g/L)/0,15

Calculeu el temps necessari perquè s'elimine de l'organisme l'alcohol en els dos supòsits anteriors:

Carmen: ....

Javier: ....

7) Sabent que l'alcohol es mesura a UBE (Unitat de Beguda Estàndard) i que a Espanya cada UBE equival a 10 g d'alcohol (és l'equivalent aproximat a 31 ml de beguda alcohòlica d'alta graduació). Resolga:

- Una xica ix un divendres a la nit amb les amigues. La primera parada la fan en un bar on pren dues canyes de cervesa (canya: 250 ml de 5°). Ja a la discoteca consumeix dos cubates (equivalent a dues UBEs). Tenint en compte que aquesta xica pesa 54 kg, calculeu el nivell d'alcoholèmia previsible i el temps necessari perquè s'elimine de l'organisme l'alcohol.

....

....

....

....

- Un jove ix de festa amb els amics. A la primera parada pren un xopet de rom (equivalent a una UBE). Ja a la discoteca consumeix tres cubates (equivalent a tres UBEs) i dos xopets de rom més (equivalent a dos UBEs). Tenint en compte que pesa 75 kg, calculeu el nivell d'alcoholèmia previsible i el temps necessari perquè s'elimine de l'organisme l'alcohol.

....

....

....

....

Activitat 11.9: Treball monogràfic sobre drogues

En aquesta activitat els alumnes faran un treball en grup. Cada grup, compost per 5 persones, treballarà una de les principals drogues d'abús (alcohol, tabac, cànnabis, cocaïna, amfetamina, opiacis, al·lucinògens i altres drogues) que serà assignada a classe mitjançant sorteig.

L'activitat es dividirà en dues parts: realització i entrega de treball escrit i presentació oral del treball escrit.

1) Treball escrit

Cada grup lliurarà un treball escrit organitzat en diversos apartats, suggerint-se la distribució següent (flexible): 1. Introducció; 2. Efectes del consum; 3. Síndrome d'abstinència; 4. Mecanisme d'acció i bases biològiques; 5. Conclusions, 6. Bibliografia.

Els treballs han d'estar escrits en una mida de lletra 12 i interlineat d'1,5, han d'estar paginats i tenir una extensió d'entre 5 i 10 pàgines.

Els treballs disposaran d'una portada on figure: el títol del treball, l'assignatura, el grup al qual pertanyen els components del grup, així com els noms i els cognoms. Així mateix, caldrà un índex del treball que indique tots els apartats que conté i les pàgines que corresponen a cadascun.

La bibliografia es presentarà seguint les normes de l'Associació de Psicologia Americana (APA) (normes disponibles a: https://normas-apa.org/wp-content/uploads/Guia-Normas-APA-7ma-edicion.pdf).

Els treballs es lliuraran per a la seua supervisió i vist i plau pel professorat. Després d'aprovar-lo, el grup podrà preparar la presentació per a la seua exposició oral.

2) Presentació oral

Cada grup prepararà una presentació, sobre la base del treball escrit, per a la seua exposició oral a classe. Cada alumne del grup haurà de presentar un apartat a l'exposició oral.

Les exposicions han de tenir una durada màxima de 10 minuts.

- *Material de consulta:*

Cada grup haurà de cercar almenys un article sobre el qual basar el seu treball, a més de la resta del material utilitzat. Podeu consultar també els manuals bàsics de l'assignatura (vore guia docent).

- **Material multimèdia:**

- Neurobiologia de les addiccions:
https://links.uv.es/2YlAEzb

.

- Neurociència de les addiccions: una nova perspectiva:
https://links.uv.es/qHtXQb0

- La cocaïna i el cervell:
https://links.uv.es/PGr0ZcU

- Cocaïna i estimulants:
https://links.uv.es/0Up0d0a

- Opiacis i tranquil·litzants:
https://links.uv.es/REQ44ux

- Entendre els opiodes i com afecten el cervell:
https://links.uv.es/rCs5HXw

- Addictes a analgèsics opiacis:
https://links.uv.es/14XZRw0

- Tabaquisme: anatomia d'addicció a la nicotina:
https://links.uv.es/qieZEw8

- Tabac i alcohol:
https://links.uv.es/oFONN6P

- Alcohol: veus el que beus?

https://links.uv.es/KRR66zp

- Cannabis:

https://links.uv.es/S2g2wB0

- Quins són els efectes del cànnabis al cervell?

https://links.uv.es/hCBks9a

- Drogues de disseny:

https://links.uv.es/2WiQCXP